人を見抜く黄金律《ゴールデンルール》

居酒屋で最初に
冷奴を注文する人は
成功する

Koji Takagi
高城幸司

PHP

はじめに――何気ない言動にあなたを「見抜ける」法則がある

「メデューサの瞳」（テレビ東京系）というテレビ番組をご存じですか？　スタジオに並ぶ複数の人物から、例えば「東大生の子を持つ母親」などのプロフィールを、第一印象と限られた数回の質問で「見抜く」番組です。

私はその番組に、見抜く専門家＝別名「メデューサ」として出演させていただき、「四代続く医師」「女性の寿司職人」「高収入エンジニア」などのプロフィールを毎回見抜いてきました。

何故、見抜けたか？

これまでに半端じゃない数の人と会った記憶を紐解けば、職業や属性ごとの法則が導き出せたからです。

私はかつてビジネス誌の編集長を長年務め、年間三〇〇〇人の経営者や専門家に取材をしてきました。その後は経営者として採用の面接、趣味で経営者との交流会を主催するなど、人と出会う仕事にひたすら関わり続けてきたのです。現在も、社長として、また著者としての出会いは年間二〇〇〇人以上になります。

番組では、その半端じゃない出会いの記憶を紐解いて、

「寿司職人は毎日酢に触れているから、手先が綺麗」

「高収入エンジニアは一点豪華主義の趣味がある」

などの「職業や属性で現れる特徴」を探し出したのです。

そこで、相手の行動やしぐさを観察して性格や気質が見抜ければ、日常の人付き合いでかなり役立つかもしれない、と思い、「誰もが使える、人を見抜く法則」をまとめてみよう、と考えたのです。

更に、番組内でタレントの方々と対談中にコメントされた「性格や気質を見抜く法則」が的を射ていて面白かったことも、この本を書くきっかけになりました。

例えば、「声が大きい人は実は気が弱い」。番組中に大声で話す人に限って気弱なのだそうです。思わず笑ってしまいましたが、かなり図星な法則という気がしますね。

いずれにしても、人を見抜ける法則を知っていると得です。読んで、人を観察して、法則の活用をしてみてください。人付き合いが楽しくなること、間違いなしです。

この本に紹介している「人を見抜く法則」は、読んですぐに試していただきたいものば

かりです。誰もが日常生活や職場で気軽に効果的に活用できそうな、第一印象や雰囲気などの、何気なく相手を観察すれば見えてくる「考え方、性格、タイプ」をご紹介していきます。

あなたが誰かと接するときに、

□友人として仲良く付き合うには？
□仕事を頼んでも大丈夫？
□恋愛相手として相性はいい？
□将来出世しそうかな？

などのことが、何となく見えてくるはずです。

早い段階で相手の性格や考え方の傾向を知ることができれば、それに合わせて接し方を工夫することができるので、良い関係を築きやすくなりますよね。

日々の人との出会いの中で、自分に合う人を見極めたり、仕事や人間関係をよりスムーズにするために、これからご紹介する法則を役立てていただければと思います。

ひとつお断りしておきたいのは、私自身は心理学者でもなければ、精神分析の専門家でもないということです。本書の内容は、あくまで私の今までのマンウォッチングの蓄積から導き出された考えを整理したものです。この点はご理解ください。

また、人間の性格や心理はすごく複雑なものなので、それを判断する絶対的な法則というものはありえません。大切なのは本書の「法則」をきっかけに、「人を見抜く」ことの面白さ、興味深さを感じていただくことだと考えています。

人を見抜く黄金律《ゴールデンルール》●目次

Part 1

「たった三分」の第一印象で本性を見抜く

Part 2

表情としぐさから本音を読む

Part 3

何気ない言葉から性格を見抜く

Part 4

シチュエーション別のアクションで、意外な一面がわかる

「たった三分」の第一印象で本性を見抜く

Part 1

顔にはその人の内面が表れる、とはよく言われます。顔の造作という限定的なことではなく、目の動きや表情、しぐさなども含めた、その人の「見た目」がつくる第一印象には、確かにその人の持っている気質が表れる傾向があります。

自信家、臆病、好奇心が強い、疑り深いといった、その人の性格やタイプは、会った瞬間に感じるもので、かなり見抜くことができるのです。私自身、長年多くのビジネスパーソンと面談してきた中で、それを実感してきました。

ただし、人は初対面の相手に対して自分の本性を隠そうと「逆張りをする」ので、第一印象は本性と逆に見える場合が多いようです。例えば、自信家の人に限って、意識的に謙虚で物腰が柔らかい話し方をします。

「穏やかな話し振りに人柄がにじみ出ていますね」などと言いますが、実は的を射ていないことは多いのではないでしょうか？

そこで、人は本性を隠すもの、と思ってもう少し目を凝らして相手を見てください。すると……、見破られないように振舞っていても、本性を見破るヒントがたくさん見え隠れしています。この章では、内面に潜《ひそ》む人柄を、第一印象で一瞬にして見抜ける法則をたくさん紹介していきます。

淡々と話を聞く人は、ここ一番で頼りになるタイプ

あなたのまわりに、ポーカーフェイスで悩みを聞いてくれる人はいますか？　そんな人こそ、医師のようにここ一番の困ったときに頼りになる大切な知人だと思ってください。医師のようにいつも相談を受けて対処する職業の人の「聞く姿勢」に似ているからです。

医師が相手の話を真面目に聞くときは、無表情で目線をそらさずに淡々としています。こうした姿勢が話を聞くときの仕事の習癖なのです。知人の医師とプライベートで食事に出かけて、気軽な会話をしていても習癖を垣間見たことがあります。

「いやー、うちの会社に面白い社員が入社したんだ。そいつがさ～」

食事を和ませようと盛り上げの話題で話しているのに、友人は目線をそらさずに淡々と、落ち着いたヒヤリングの姿勢で話を聞いています。一瞬「笑ってよ」とシラケそうになりますが、本人が言うには「ゴメン。癖で、相手の話を無表情で聞いてしまうんだよ」だそうです。

医師は診断するために患者から症状を聞きます。「胃が痛い」「動悸が激しい」など体調のバッド情報を聞いて、「それは大変だ。悪い病気かもしれない」と感じても微塵《みじん》も表情を変えず、目をそらさず話を聞くのが重要なのだそうです。

なぜなら、医師が深刻な表情をしていれば、患者が不安に感じるからです。普通の会話では、笑ったり、怒ったりという表情を表すから、お互いが本音で話せるものですが、医師の仕事では淡々と感情を表さない毎日が続くのです。

それは、それだけ相手の相談に真剣に対処しようとする証《あかし》でもあるのでしょう。

ですから、あなたのまわりで微塵も表情を変えず、目をそらさず淡々と話が聞ける人に会ったら、その方は医師のように頼りになる可能性が高いでしょう。

相手の話に過敏な反応をする人よりも、困ったことや、人に言えないことを相談する相手に適しているはずです。

何度もまばたきをしながら話す人は短気な性格を抑えている

自分が短気であることを自覚している人は、それを見せまいと隠すものです。カッと頭に血がのぼってキレそうになっても、その感情をぐっと抑えて、平静な表情を保とうとする。そうすると、目が血走ってしまい、ついパチパチとまばたきをしてしまう傾向があります。

私が取材した経営者で厳しい質問をすると短気な自分を隠そうと何回も目をパチパチする方がいました。後で聞いてみると、

「君の質問が図星だから、感情を抑えようとしてまばたきが多くなった」

とおっしゃっていました。こうした「図星」と感じて感情的になり、まばたきをするという場面には、他にも何回も遭遇しました。特徴として、自信過剰で注目されたいという性格を持ち合わせている方が多いようです。プライドが高いので、傷つかないように感情が高まるのでしょう。

ですから、あなたの会話している相手が不自然にまばたきを繰り返していたら、実はその人はかなり短気で、しかもキレそうな自分を必死に抑えている可能性が高いのです。それ以上なにか言うと、怒りの臨界点を越えて爆発してしまう危険性がありますので、相手を立てて自尊心をくすぐるなどの配慮が必要です。

臨界点に達して取り返しのつかないことにならないように、くれぐれも気をつけてください。

見下ろす目線で相手の話を聞く人は頑固な職人タイプが多い

わかりやすく言えば「上から目線」で話を聞くタイプのこと。人に向かって上から話す偉そうな人はよく見かけますが、そうした人は権力志向が態度に表れているのです。

ところが、聞くときに上から目線の人もいるのです。

こうした態度は、人の話を素直に聞けない、自分の主義主張を曲げたくない意志から出る仕草です。権力志向というよりも、職人的頑固さを気質に持っています。

一般的に、職人的な職業、例えばクリエーターや技術者の方は、自分の仕事に絶対の自信を持っているので、人に頭を下げたり、迎合することを嫌います。ところが仕事上では、譲歩しなければならないことはよくあります。

知人のクリエーターはコロコロ変わる注文内容に対処する際に、文句は言わずに割り切ってやるものの、「本当は納得してないぞ」という自己主張をわずかに態度で示して、上から目線で聞く癖があります。プライドと頑固さを抑えながらの葛藤なのでしょう。

目だけ笑ってうなずく人はトラウマのある自己中心的なタイプ

ある女性経営者と対談したとき、「この人は俺の話を聞いているのかな?」と不安になったことがあります。目だけは笑って、うなずきながら聞いているのです。とりあえず笑ってうなずいておけば、その場はおさまると思っているのでしょうが、本心からの笑いではなく、明らかに不自然な笑顔です。これは、話は聞きつつ、自分の本性は隠したいということです。更に言えば、自己中心的で協調性がない性格を隠したいがゆえの表情です。

ちなみに知人の経営者は、会話の最中に眉をひそめたり、怒りっぽい感情をあらわにして、以後に避けられた苦い実体験をしたそうです。そのことがトラウマになって、話を聞くときに損をしないように「つくり笑顔」をするようになったと聞きました。

「今、嫌そうな顔したでしょ!」なんて言われたら、誰でも気になりますよね。

本書に登場する法則は、自分の嫌な部分を隠そうとする「逆張りの行動」が多く登場しますが、これもそのひとつですね。

すぐ涙目になるのはキツイ性格で負けず嫌いだから

すぐに涙目になる人は、感情の起伏が激しいので、悲しいときはもちろん、怒ったりくやしかったりするとすぐ目に涙がたまる。でもそこで絶対に涙なんか見せるものかと、泣くのを堪《こら》えるために、すぐ涙目になるのでしょう。

私の友人でもやたらと涙目になる人がいます。一度、その友人を実験するつもりで、「昨日のフィギュアスケートの大逆転の瞬間見た？ 感動したね」「ニュースで三十年振りに親子が再会するシーンが流れたね」などと、涙目になりそうな話題をぶつけてみました。

すると、感動の種を思い出して、目がじんわりと涙目になってきたのです。

すぐに涙目になる人は「人情味がある」「世話焼き」と思われがちですが、むしろ逆。負けず嫌いで自己中心的な性格の人が大半です。

この法則は、雑誌の編集長時代に取材でお目にかかった方から導き出しました。

例えば、いつも涙を溜めて話すラグビーの監督と対談したときも、話している最中に「試合に勝つためなら手段は選んじゃいかん」と本音を語る姿には、明らかに自己中心的な性格が出ていました。この監督だけでなく、すぐ涙目になって話す方には、わがままな一面を垣間見ることが多かった気がします。

すぐ涙目になる人は、感情の起伏が激しいのに加えて、弱さを見せたくないという負けず嫌いが強いのです。

自分の非を指摘されたり、ちょっと議論になったりすると、すぐ「ウッ」と涙目になる人がいますよね。そういう人は、気が弱いのではなく、むしろ感情をあらわにすることで人からバカにされたくないという、勝ち気なタイプなのです。涙にだまされてはいけません。

やたら目が泳ぐ人は優柔不断で何も決められない

あなたのまわりに優柔不断な人はいますか?

「俺はどちらでもいいよ」などと主義主張を持たずに相手に任せっきりの人のことですが、職場で増えていると、若手のビジネスパーソンから耳にします。つまり、上司に増えているというのです。でも職場の上司がこのタイプだと最悪です。もちろん、仕事だけじゃなく恋愛中の彼氏が優柔不断でも困りものですが。

優柔不断な人は先送りが得意です。大抵の頼み事や相談事は、曖昧なままに放置されてしまうことでしょう。例えば、「夏休みに海外に行かない?」と提案しても、「海外もいいけど温泉もいいよね」などと決めかねる回答で、お茶を濁すばかりです。

職場であれば依頼した仕事について、「やっぱりこうして」と指示がコロコロ変わり、苦労することでしょう。

彼氏だろうが上司だろうが、優柔不断かどうかはできるだけ早く見抜きたいものです。

そのヒントは、目の動きにあります。優柔不断な性格の人は決断を迫ると避けようとして、目が泳ぐ傾向があるのです。

意志の固い人は目線がしっかりしています。何事にも責任を取る覚悟が表れているのです。覚悟が無いと、責任から回避しよう、はぐらかそうという意識が働いて、目線が不安定になるので、目が泳いで見えてしまいます。心理学的にも、嘘をついている人が示す行動特性と言われています。

実は、この法則を無視して痛い目に遭いました。

お互いに初仕事のライターが、取材内容を聞く前に、「大丈夫。やります」と安請け合いの返事をしていたのです。実績もある方だから……と安心して任せたところ、数日後に「やっぱり、無理そうなので辞退します」と断ってきたのです！　もはや代わりのライターはいないので、自分で徹夜して対応することとなってしまいました。

今となって振り返れば、打ち合わせのときに視線がさまよっていたのを見逃してしまったのですね。

しかめっ面は忙しい会話を止めたいシグナル

しかめっ面とは、眉のあたりにしわを寄せた、機嫌の悪そうな顔のことを指します。「まったく、ふざけんな」「やってられないな」などの気分を表す表情にも見えます。

この顔つきをよくする人の性格には、意外な法則があるようです。

しかめっ面をされたとき、「ごめん、何か気に障《さわ》ることでもあった？」とフォローしたら、勘違いかもしれません。実は、しかめっ面になるのは、話をしっかり理解しようと熱心に聞いて、途中で理解が追いつかないオーバーフローな状態になって、「ストップ！話すスピード緩めて」と、自分が理解できるスピードに会話を減速させようとする行動です。

もっと言えば、怒っているのではなく、少々わがままな自己主張をしていると思ってください。

こうしたわがままなしかめっ面を、新入社員として面倒をみていた後輩に頻繁にされたことがありました。

気になって理由を聞いてみたところ、「先輩の話はとても勉強になるのですが、早口なので覚え切れなくて、テンポを緩めていただきたくて……」、しかめっ面になっていたみたいです」と言うのです。原因は当方にあったようです（反省ですね）。

会話中に何回も唇をなめる人はテンションが上がっている

唇をなめるのは、話をしていて、自分の話に酔ってどんどんテンションが上がっていくタイプの人が癖で見せる行為です。

もともと知的好奇心が強いので、興味や関心のあることについて熱心に語り、自分の話した内容によってさらに好奇心を刺激される。そうやって自家発電的に話を次々に展開させると、口がかわいてペロリとしてしまうのでしょう。独特のドライブ感の中で夢中で話していているうちに、のどや唇がかわいてくるので、つい唇をなめる回数が多くなるようです。

ちなみに私のまわりで「唇をなめる癖」のある知人がいますが、過去の経歴を自慢するタイプで、お酒がまわるととめどなく会話が盛り上がり、やがて「唇ペロリ」が始まります。この癖が出る頃になるとテンションが高すぎて危険な状況＝絡み酒のシグナルなので、「そろそろ時間も遅いし帰ろうか?」と、締めの声をかけるようにしています。

人前で唇をよくかむ人は欲求不満を溜めている

唇をかむというのは、やや幼児的なしぐさで、あまりかっこいいものではありません。子どもが恥ずかしがる様子を思い出しますね。

最近は「はにかむ」が人気のキーワードになっていますが、唇をかむことで人気が出るとは思えませんよね。どちらかと言えば頼りなく見える癖です。

仕事で十年以上も取引のある経営者の友人は、打ち合わせの途中に目線が合うと、頻繁に唇をかむ姿を見かけます。

そこで理由を聞いてみると、「俺って、そんなに唇をかんでいる?」と聞き返されました。

驚くことに、癖に気づいていなかったのです。どうやら無意識のしぐさのようです。

その友人に自己分析をしてもらうと、仕事が上手くいかない、奥さんと喧嘩中……など大なり小なりの欲求不満になる出来事で、イライラしているときに精神的不安の解消で唇をかんでいたようです。

彼以外にも、「彼氏と会いたいのに会えない」「理不尽な上司の指示に堪えている」など、イライラモードになると「唇をかむ」癖がある知人は結構いました。

おそらく相手は無意識でしている場合が多いので、あなたが見かけたら、気分転換ができるように優しい接し方を心がけましょう。

体がよく揺れる人は判断能力が低い

連日徹夜が続くなど、肉体的精神的にハードな職場に勤めている人は、自分を支えきれなくなって、だんだん前かがみになってきます。私も週末までハードな仕事が続くと、背中も丸まって必死の形相になっていますね。

更に精神的に余裕がない＝テンパってくると、体がグラグラと揺れているように見えます。

精神に余裕があれば、体は揺れません。例えば、「座禅を組んで心が乱れると体が揺れる」と言いますが、まさにその通りです。精神的な不安定で体がぐらつくのです。

私自身も十年程前、職場で新規事業を立ち上げる役割を担《にな》って、初体験だったハードな判断業務が重なり、追い詰められた気分になっていたときにこの状態になりました。「さっき体が左右に揺れていたけど大丈夫?」と、本人は自覚が無いのに同僚に指摘されたのです。相当ストレスが溜まっていたのでしょう。

このようにあなたのまわりで体が揺れている人がいたら、相談事は避けた方が賢明です。いくら本人が大丈夫と言っても精神的に不安定で、まともな回答はできません。「今日は疲れているから休んだ方がいい」とアドバイスして、精神的に落ち着いた機会に改めましょう。

相手にあごを上げる人は威圧的で猜疑心が強い

あごを上げて相手を見るのは、自分の立場が上で偉いということを示そうとしていることに加え、相手を威圧しようとする態度です。私は格闘技が好きなのでよく観戦に行きますが、試合開始前の顔合わせでお互いが「自分の方が強い」と見せようとして、あごを上げて威嚇《いかく》します。まさに象徴的なシーンですね。

あごを上げて見下ろす態度は、相手を疑っているときの態度でもあります。例えば、あなたの友人が約束を何回も破って、大きく信頼を失ったとします。

「本当にゴメン。次は絶対に約束を守るから許してくれないか」と言い訳や謝罪をされても、信憑性《しんぴょう》は薄いですよね？　こうした状態で友人の話を聞いていると、「でも残念ながら信用できないな。また同じことをやるだろうな」と思いながら聞くことでしょう。

そのときにあなたは、あごを上げて、冷ややかに友人を見下ろしている姿になっているのではないでしょうか？

顔の右半分を見せたがる人は自信家

左脳は論理的思考や言語、右脳は直感や創造的な感性を、それぞれ担っています。

右半身は左脳が司《つかさど》っているので、論理的な左脳が支配する右半身を全面に出すということは、自分の知性に対する自信の表れなのです。

逆に、感性的な右脳が支配していることに加え、心臓がある左半身を相手に向けるというのは、自分の気持ちをさらけ出そうとする安心感あるいは忠誠心の表れです。

また、かなり挑発的に右半身を向けて相手に対峙する姿勢をする場合は、心臓がない方を全面に出した、攻撃に対する身構え、つまりファイティングポーズとも言えます。

相手に向かっていこうという意識が表れた姿勢で、それも自分に自信があるからこそと言えます。

おでこを隠す人は上昇志向が低い

男女に関わらず前髪をいつも下ろしている人は、人を押しのけるような上昇志向が低い人が多いと言われます。

脳に近い部分を見せるということは、自分の知的な部分に対する自信の表れ。つまり隠す人は逆、という発想です。もちろんヘアスタイルによって異なり、ファッション的な意味合いも大きいので、一概には言えませんが。

その例として、季節で体重が大きく変わる友人の女性の話を紹介しましょう。彼女は秋になると好物をたくさん食べるため体重が増え、顔の輪郭がかなり丸くなり、おでこや顔全体を隠すような髪形をしています。ところが春あたりから必死のダイエットを敢行して、ややスッキリしたスタイルになると、おでこを出したアップの髪形に変更して夏を迎えます。髪形は行動も変えるようで、夏の彼女は快活で行動的ですが、秋から冬は寡黙《かもく》で地味に見えます。

そんな彼女に私は、「アップの髪が素敵だから冬もやったら？」とアドバイスしましたが、顔が丸いからおでこは出せないというのです。彼女の行動を見ていると、おでこを出すことが上昇志向を高めることにつながることを確信します。

彼女以外にも知人で、かたくなにおでこを隠したヘアスタイルを続けているタレントがいます。人気はありますが、なかなか頭一つ抜け出ることができません。その原因は誰かを出し抜いてでも上に行こうという欲が低いからじゃないかと思いますが、おでこを出したら大ブレイクするかもしれません。

鼻の穴をふくらませる人は怒りっぽい

心底怒りの気持ちがわいても、状況的に怒りをぶつけるのは、意外とできないものです。仕事や人間関係の妨《さまた》げになるので、怒りは悟られないように隠すことが大人のルールなのでしょう。

ただし、それは大人でもストレスになります。

そんなストレスを感じる状況で怒りの感情を抑えて見せる行動が、「鼻の穴をふくらます」というしぐさです。

一見すると、「すごいだろう」と自慢したい気持ちの表れのように思えますが、まったく逆。怒りやくやしさの感情を剥《む》き出しにできない状況に耐えている姿です。

「すぐ涙目になる人」の項でも書いたように、くやしいという感情や負けん気は「目」に出る傾向があるのですが、怒りは抑えると「鼻」に出るようです。

学生時代に体育会で活躍した知人は、社会に出ると腹が立っても昔のように手荒な態度や言い方ができないので、感情を抑えて向き合う相手に鼻の穴を大きく広げてしまうことがある、と嘆いていました。

つまり、よく癖で鼻を膨《ふく》らませる人は怒りを抑えることが頻繁にある人なのです。お気をつけください。

高い位置で腕を組む人は臆病で傷つきやすい状態

会話中に胸のあたりで腕を組む人がいます。勝負したいのかと勘違いしてしまいそうですが、戦闘モードを表す行為ではありません。むしろ、ガードしたい心理の表れです。一般的に、腕でも足でも「組む」行為は、自分を守ろうとするしぐさです。

ただし、腕を組む高さで気持ちがだいぶ違うようです。

胸のあたりを守るように高い位置で腕を組むのは、精神的に臆病になっている気持ちをガードしたいからです。

マーケティングの会社を経営する知人が頻繁に胸のあたりで腕を組むので、その癖に何か原因があるのか聞いてみると、「実は、自分が責任回避したい話題のときに、無意識に腕を組んじゃうんだよね」と答えてくれました。

やはり、自分を守ろうとする気持ちの表れなのですね。

低い位置で腕を組む人は戦闘的で否定的な状態

前項とは逆に、やや胸より低い位置で腕を組むのはどんな意識からなのでしょうか？ どうやら戦闘的な気分が底にあるようです。

少々会話が脱線しますが、ラグビーやサッカーなどの試合の前には、選手が低い位置で腕を組んで並びますよね。この低い位置の腕組みには訳があります。それは低い位置の方が攻撃的だからです。格闘技を想像してください。鋭い攻撃はすべて、相手より低い位置から攻めた方が効果的です。

これと相関するのでしょうか、低い位置で組む人は自信家が多く、好戦的な傾向があります。人と話をしている最中、なにげなく腕を低い位置で組んでしまうのは、相手に対して対抗意識があり、かつ相手の意見に対して懐疑的、あるいは否定的なときです。

ですから、あなたの知人が低い位置で腕を組んできたら、「あなたの言うことは信用していませんよ、受け入れられませんよ」という、否定的でかつ攻撃的なサインだと思った方がいいでしょう。

数年前に、低い位置で腕を組まれた経験があります。会社として納期や価格で何回もトラブルがあったデザイナーに、私が依頼にうかがった際に、目の前でいきなり、胸よりかなり低い位置で腕を組まれました。

「お前らは信用していないし、ろくな仕事を頼みにこない」くらいの不信感が態度に表れたのでしょう。こうした場合は信頼を得るために、丁寧な接し方が必要でしょう。

前のめりな姿に見えるのは、結論を焦っているから

じっくり話を聞こうとすると、相手に向かって深く座るものではありませんか？

ところが、例えば営業の仕事で「今日こそ仕事を取るぞ！」と気合を込めた攻めの状態だと、主義主張をしっかりと相手にアピールしたい気持ちが高いので、倒れそうなくらいに体が前方へ傾き、前のめりな姿勢になる傾向があります。

私も営業マン時代は「前のめり」の典型でした。特に、「上司から今日中に契約を決めて欲しいと懇願された」などと差し迫った状況になると、お客様に隠そうとしても果敢に攻め込もうという気持ちが出てしまい……前のめりな姿勢になってしまいますよね。

恋愛においても、「相手の気持ちを一日も早く確かめよう」などと考えていると、向かい合って座る姿勢に表れがちではないですか？

「会おうよ！」というお誘いメールを断られ続けながらも「来週なら大丈夫かも」と期待をさせる返事に振り回されて、やっと約束できたデート……などという場合だと、焦り姿

勢は隠せないものです。

あなたの前に前のめりな異性がいるとしたら、あなたまで焦らずに、「興味はあるけど、ゆっくり考えさせて」くらいの余裕ともどかしい雰囲気で。

自分が優位に事を運べるように会話を進めた方がいいでしょうね。

誰かを待っている姿勢が綺麗な人は妥協しない

人を待つのは平気ですか？　私は苦手です。待っているとイライラしてしまいます。おそらく待つ間の姿勢も、イライラが感じ取れるようなせっかちそうな姿だと思います。ところが中には、長時間待っていても、凛《りん》と綺麗な姿勢の人がいます。考えてみれば、背中の筋肉も腹筋も大変ですよね。

こうした待つ姿勢が綺麗に見える人って、どんなタイプの人なのでしょうか？　どうやら、妥協しない、やるべきことをちゃんとやるという自意識が高くて、相手に「これだけちゃんと待っていたのですよ（だから私の言うことも聞いてね）」くらいのアドバンテージの主張もする要望性が高い人です。

実際にこのタイプの彼女と付き合っている友人がいますが、デートの約束に遅れて大変な目に遭ったようです。休日の早朝デートで寝坊してしまい、急いで飛び起きて向かうも、約束の時間から一時間が経過しています。

「何と言って謝ろうか？」と想いを巡らし、走って着いた待ち合わせの場所には……、携帯をいじるでもなく、毅然と待つ彼女が座っていました。

少々の恐怖を覚えながら……友人が「ごめん。待った？」と声をかけると、顔色も変えずに目を見て「全然気にしてないけど……」と返事をしたそうです。その態度に、「タダでは許さない」と言外の意味を感じて、お詫びにかなり高額なプレゼントを買って許してもらったそうです。

考えてみれば、下手に不機嫌になるよりずっと効果的なアクションですね。凛とした姿勢の裏には、妥協せず自分の意に従わせようという意図が潜《ひそ》んでいるのです。怖いですね。

肩をすくめる人はシニカルだが後ろ向きとは限らない

会話をしていて「自分の方がよく知っている」とか「相手は何もわかっていない」と思っているときの象徴的な反応が「肩をすくめる」というしぐさです。これを連発する人は、単なるネガティブというよりは、シニカルな考え方の人が大半です。

私の以前の職場にこのシニカルな反応が多い部下がいました。二年目となった大掛かりなプロジェクトの打ち合わせで、メンバーとの気持ちを盛り上げようと、「大切な仕事だから引き続きチーム一丸でがんばろう！」と檄《げき》を飛ばしたときのこと。その部下が、「ま、がんばりましょう、去年も同じような発言していましたね」と肩をすくめて皮肉のようなコメントをしたのです。

彼はその後も懲《こ》りずに頻繁に肩をすくめて発言を繰り返したため、その態度を見た多くの同僚が、「あいつはプロジェクトの雰囲気を壊すので、はずした方がいいのでは？」と意見を言ってきました。

そこでその部下と腹を割って話してみると、「気になる点はあるが、頑張ります」と、意外な程に素直な意見が返ってきました。

てっきり不満分子と勘違いしてしまいましたが、仕事への取り組みは驚く程前向きだったのです。

「その態度は損しているよ」とアドバイスしましたが、「肩をすくめる」しぐさを「まったくやる気がない」と決め付けない方がいいと痛感させられる出来事ですね。

よく頬杖をつく人は何事も判断が的確

ロダンの「考える人」のように、頬杖をつくというのは、考えるときのポーズです。あなたは「何か思案する＝考える」ときにどんな姿勢をしますか？　思案をめぐらすときは「頬杖をつくタイプ」と「腕を組むタイプ」が大半ですよね。

経営コンサルタントでビジネス書を何冊も書いている知人は、何事か思案しているときにいつも頬に手を当てるので、なぜそうするのか聞いてみました。すると、「心を落ち着かせて考え事をしたいからかな？」という回答をくれました。

この回答から法則が少し見えてきました。心理的に恥ずかしいときに「頬を触る」と言われますが、手が顔の近くにあると安心して、冷静に思考や分析ができるようです。

つまり、頬に手を当てて考えるのは「的確な答えを出す」のに適した姿勢なのですね。いい考えや前向きなアイディアを出そうとするときに、こういうポーズをとる人は、合理的に物事を達成できる、要領の良いタイプと言えます。試してみてください。

耳の上の部分が大きい人は理想家

耳は感度が高い感覚器です。生まれたときすでに成人と同じレベルまで発達して、周囲の危険を察知したり、親とのコミュニケーションをとるために使われます。日常の活動で担《にな》う役割は想像以上に深いものがあります。そんな耳の見た目に、いくつかの性格を見抜く法則があるようです。そのひとつが耳の上の部分の大きさです。

耳の上の部分は、感度を表すと言われています。この部分が大きい人は、感受性が豊かで、情報に対して敏感な傾向があるようです。更に言えば、感受性が豊かなだけに、ロマンチストや、理想主義的な考えを持っている人が多いのです。

私の知人でも耳の上の部分が大きな人がいます。インターネット関連のベンチャー企業の社長ですが、人に好かれる魅力があって、しかも頭の回転が速いできる人です。

「誰にもできないようなサービスを開発して天下統一だ」などと、あれこれと夢を見すぎるところが玉に瑕《きず》ですが、他人に迷惑をかけるほどではないので構わないでしょう。

ゆったりした服を着る人は美食家

最近は仕事で着るスーツもタイトなデザインのものが増えてきましたが、こうしたきつめな服を着るのが好きな人は、追い込むのが好きでストイックなタイプが多いですね。「ちょっとでも気を許したら、買った服がパーだぞ」などと緊張感を持つのが好きなのでしょう。

一方で、その逆にやや大きめのスーツや、ウエストの部分を締め付けないデザインの、ゆったりした服を着る人は、「プレッシャーを感じたくない」と楽な気分が心地よいのんびり屋タイプです。加えて、食欲旺盛な健啖《けんたん》家の比率がかなり高いようです。

私もときどき参加する「美食の会」があるのですが、そこに来る人でピチピチのスーツを着ている人はまずいません。美食家の人は、いつでも「食べるぞ」という意欲が高いので、それが服選びにも表れるのでしょう。

グレーのスーツが似合う人は調整能力が高い

まわりから見て「あの人はグレーのスーツが似合う人」という印象のある人は「調整能力が高い人」のようです。単にグレーのスーツを持っている、着ているのではなくて、「似合っている」という印象でなければなりません。

みなさんは何色のスーツが似合うと言われますか？　私は仕事で着るスーツを何着も持っていますが、不思議とグレーは少なく、紺や黒などのはっきりした色になりがちです。

グレーは着こなすのが難しい色です。色彩心理的にグレーは大人で落ち着いて、自分を前に押し出しすぎないカラーで、逆にネイビー（紺）は活力があり、若々しく精悍《せいかん》な印象のカラーと言われています。

使い分けとして、政治家や経営者の演説のように「自分を前面に出す」ならネイビーで、逆に謝罪のような「相手を尊重する」ならグレーがベストですね。この使い分けは知人のカラーコーディネーターが教えてくれました。

さて、グレーの着こなしが難しいのはコーディネートで合わせる色が限定されるからです。派手すぎる色だと合わせる色が少なくて、淡いトーンの色もボケた印象になりがちです。かなりバランス感覚がないと、グレーのスーツは着こなせません。

ですから「似合っている」とまわりから思われるくらいグレーを着こなせるということは、それだけ調整能力が高いということです。調和を大切にし、相手に合わせることに長《た》けている人なのでしょう。

縦縞スーツをよく買う人は上昇志向が強い

これは、アパレル関係に勤める知人がよく言う法則です。ちなみにファッション的観点で、縦縞スーツは人にシャープな印象を与えるようです（では阪神タイガースの縦縞ユニフォームも、シャープで上昇志向を高めてくれるのでしょうか?）。

スーツで縦縞となると、品よく着こなすのは難しいものです。私も気分転換で縦縞スーツをたまに買いますが、主張が強くなるのでシャツやネクタイとのアレンジで苦労します。目立つけれど、バランスのいい着こなしが難しいのです。

よくスーツを買うショップでスタッフの方に聞いてみると、縦縞スーツのリピーターは仕事着だと少ないのだそうです。自分に似合うと感じて一着は買うのですが、「合わせやすい無地の方が楽だと言って、戻る方が大半ですよ」と教えてくれました。

逆に縦縞スーツを買い続けて着こなせる人は、目立つことに手間を惜しまない気持ちがあるから、上昇志向が高い人が多いそうです。

チェックのネクタイをお洒落に使う人は世渡り上手

チェック（格子柄）のネクタイは、意外な程にシャツやスーツを選ばない万能の柄です。私はチェックのネクタイが好きなのでたくさん持っていますが、朝の眠くて思考回路の停止している状態でスーツに合わせるときに本当に楽です。デザイン的にも複数の色を使っているので個性や主張はあるのに、下手に出しゃばらないのですよね。

こうしたチェックのネクタイが好きな人は、お洒落な上に世渡り上手なタイプが多いようです。つまり、まわりに合わせて波風立てずに、巧みに出世できる人のことです。会社で出世する人は我の強い人よりも上司にも好かれ、部下にも慕われ、調和をうまく利用して仕事ができる人と言われます。

私は二十年近く大企業に勤めていたので、この原則は痛感していますが、更に自分なりのポリシーがないとリーダーとして活躍はできないものです。この調和の中の主張がチェックのネクタイとしてファッションに表れるのでしょうね。

「スニーカー好き」を公言する男性は甘えん坊が多い

飲食店で働く女性に聞いた話です。休日や運動に履くとかマニアではなくて、自ら「スニーカーが好き」と公言する人は子どもっぽくて、甘えん坊な人が多いようです。

何故ならば、スニーカーは「少年」の象徴だからです。つまり、「俺は革靴よりスニーカーの方が好きだな」などと断言するのは、自分が少年であるという自己主張、あるいは少年でありたいという思いを表すものなのです。スニーカー好きと公言して、「俺って若い、と言うより子どもなのだ」とアピールしているのです。

ちなみにスニーカー好きな経営者は私のまわりにたくさんいます。みなさん少年の気持ちを持っているのでしょうか？

さて、知人の女性は大人の男性が好きなので、甘えん坊なタイプが苦手なのだそうです。そこで男性に「スニーカー好き？」と聞いて「大好き」という答えが返ってきたら、甘えん坊と判断して、お誘いがあっても断るそうです。

つばの大きな帽子をかぶる女性はマイペース

人の目線から隠れるために帽子をかぶる女性はたくさんいます。タレントの方は、プライベートで街に出るときに帽子を深くかぶっています。

逆に目立つんじゃないの、と思われる方もいるかもしれませんが、日常まで見られているのは嫌、との気持ちを和らげる意味もあるのではないでしょうか。

しかし逆に、それだけで目立つようなつばが広い帽子をかぶる人もいます。こういう人はどんなタイプなのでしょうか？

つばの大きな帽子で思い出すのは、大物女優や女性社長などが街で車から降りて登場するシーンでしょうか。自分自身の存在は主張しながらも、「おい、あそこの大きな帽子の人が女優の○○だぞ。でも顔が見えないな」と、都合の悪い部分はシャットアウトできる便利な衣装です。

もし、あなたのまわりでつばの大きな目立つ帽子が好きな女性がいたら、目立つ職業の女性と同じ志向の可能性が大です。

つまりわがままは聞いて欲しいけど、自分が嫌なことはやりたくない、というマイペースな性格ではないでしょうか？　気をつけて接した方がいいですよ。

水玉模様を着る女性は世間知らずなお嬢さん

これは「メデューサの瞳」での対戦相手が断言していました。

ここで言う「お嬢さん」とは、お金持ちだとか品がいいというより「純粋」「世間知らず」というニュアンスです。

イメージにマッチする友人がいます。彼女は水玉模様の服をよく着ていますが、

「その水玉は自分で選んだの？」

と聞いてみると、

「一緒に買い物したときに母が選んでくれたの」

と答えてくれました。どうやら、母親の勧める服装を与えられるままに着ているようです。彼女の母親の世代の女性は水玉模様の好きな方が多いようです。当時の流行の影響が大きいのでしょう。

その影響を引き継ぐ若い女性は、やっぱり純粋培養のお嬢さんですよね。

花柄の服を好む女性は自分磨きが好き

お花というものは、ある意味で豊かさの代名詞です。裕福な家庭で育った女性にとって、花というのは常に身のまわりにあるもの、あるいは人からもらうものであって、自分でお金を払って手に入れるという感覚はあまりないと思います。ですから花柄の服は、何着も持っていても大した思い入れがない方が大半です。世田谷で豪邸に住むお嬢様の友人は、「お花は男性からもらうもので買うものではない」と断言します。

一方、花柄の服を自ら好んで着る女性は、花柄が象徴する豊かさや華やかさに対する憧れが強い人です。ですからセレブ志向の女性ほど花柄模様の服装を好みます。ただし豊かさを望む半面で、日々は地道にがんばるタイプが多いのではないでしょうか。

金色が物質的な豊かさの象徴なら、花は精神的な豊かさの象徴です。私のまわりで花柄が好きな女性はブランド物への関心はそれ程高くありません。むしろ美的・知的好奇心の探究に行動力があって、自分磨きや華道や茶道などお稽古に精を出しています。

金色のアクセサリーが好きな人は自意識が強い

プラチナでもシルバーでもなく、金色＝ゴールドの貴金属（アクセサリー）が好きな女性は、花柄好きが精神的な探究心が高いのと逆に、見た目を気にする傾向があります。

自分が周囲からどのように見られているかが心の支えであり、その見た目を高めるためなら努力を惜しまない人ばかりです。

ちなみに金色は外向性を表し、人の自意識を高める特徴がある色です。金色の貴金属を身につけることは、女性にとって心を満たす行為という意味合いがあります。そして、身につける貴金属のボリュームや数が大きければ大きいほど、自意識と心が満たされるものです。ですから貴金属に対する女性の欲求はあくなきものがあるのでしょう。

私のまわりで金色の貴金属を特に好む人の傾向を分析してみると、寂しさを内面に抱えている一方でプライドが高く、それゆえに人の目に映る自分を気にすると言えそうです。

あなたは金色の貴金属はたくさんお持ちですか？

フリルの服をよく着る女性はキャラ好き

フリルとは、袖口や裾につけられるひだ飾りのことです。宝塚や、松田聖子さんなどのアイドルの衣装を思い出しませんか？　いずれにしてもフリフリの服は女性の特権ですよね。日本だけじゃなく世界中で、長い髪にリボン姿、フリルのブラウスにスカートと人形遊びを女性らしさの典型とされることが多いでしょう。

こうしたフリル好きの女性は何故かキャラクター好きが多く、ミッキーやキティちゃんなどのかわいいキャラクターを集めたり、東京ディズニーランドの年間パスポートを所有していたりします。昔の職場にまさに典型的なキャラ好きでフリルのブラウスをいつも着ている女性がいました。

彼女は東京ディズニーランドに年間で五十回以上も行くフリークですが、その友人（全員がミッキー好き）と会ったときに、フリルの服を着た女性が半数を超えていました。この事実を踏まえて、今回は法則に推薦させていただきました。

大きなピアスをするのは願望の大きさを表している

耳たぶにつけた金の耳飾りは知恵や幸運を呼ぶと言われ、インドでは昔から男女の区別なくピアスをする習慣があったそうです。

では、大きなサイズをしたがるのは、どんな気持ちからなのでしょうか。

ピアスをするのは受身なお洒落ではなく、自意識に目覚めたからだと言われます。ですから素敵な男性と情熱的な恋をしたいとか、あるいは今の生活から脱出して海外のまったく違う環境の中で暮らしてみたいとかの願望が込められているのでしょう。

私の友人が初めてピアスをしたときは、彼氏との恋愛の成就を願って穴を開けて小さなリングを耳にはめたそうです。指輪やネックレス以上に、ピアスをすることはメンタル的な要素があります。

つまり大きなサイズのものをするのは、願望の大きさを意味しています。「女性起業家になって注目されたい」など、デカイ願望があるからピアスもデカクなるのです。

ハイヒールが好きな女性は責任感が強い

ハイヒールは、履くと背筋がピンと伸びて、背が高く脚がきれいに見えるといったメリットがありますが、足が疲れるし、履き心地の良い靴ではありません。仕事上、履かなければならない女性は大変ですよね。

その疲れる靴を好んで履く女性も、たくさんいます。中にはピンヒールという特にかかとの部分が細長いものを好む女性も少なくありません。

男性から見れば、窮屈でも、姿勢を綺麗に見せたいから履くのかと思いますが、ハイヒール好きには法則があるようです。それは、責任感が強いことです。

姿勢の良い、毅然とした自分でありたいから、歩きづらくても履き続けられるのです。

知人でマナー講師の女性はハイヒールが好きで、いつも美しく履いていますが、ストイックで、決めたことは犠牲を払ってでもやり抜く強い意志の持ち主です。また彼女以外でも、ハイヒール好きの知人は責任感が強い人しか思い出せません。

表情としぐさから本音を読む

Part 2

人は年齢とともに、喜怒哀楽の感情をストレートに表に出すことが少なくなります。

ビジネスの場面では特にそうですが「話がつまらなくて早く帰りたいな」と思っていても、その本音は隠して、にこにこ笑顔で相槌を打ち続けたりします。私自身も、インタビューの仕事で「すごく勉強になりました」などと言いますが、本当に感心しているというより、話の流れで口にするのが癖になっている気がします（まったく感心をしていない訳ではないですが）。

逆に言えば、相手が笑顔で話を聞いているからといって、本音では楽しんでいるとは限りません。でも、隠そうとしている本音の部分は、ちょっとした表情やしぐさににじみ出るものです。そうした本音の読み取り方を知っておくと、人間関係がずっとスムーズになるはずです。

足を広げて座る人は笑いのセンスがある

バラエティ番組を見ていると、一見すると家庭風のセットなどで、多くの俳優やタレントがゲストとして座っているシーンをよく見かけます。

ちょっと観察してみると、若手、芸歴の短い人の方がキチンと姿勢を正して座っているように見えます。ただし、緊張からでしょうか、トークもすべっていたりします。逆に芸歴が長いベテランのゲストは、リラックスした感じで番組中も気の利いた面白いトークを連発しています。

お笑い系でテレビ慣れしたゲストは、足を広げてどかっと座っている方が多いですね。よく観察すると足を広げた姿勢で「気持ちがオープン」な状態になっているので、その後のトークによってスタジオも盛り上がっていきます。

足を広げるというのは、自分にとって恥ずかしいことも含めて、さらけ出そうという「開けた」気分になっている証なのです。ガチガチに「閉じた」姿勢や心理状態では、面白い発想や行動は生まれにくいのではないでしょうか。

ですから、番組を盛り上げているお笑いの人の座り方を観察してみてください。「ここで一発、笑いを取るぞ」と気負い過ぎない感じでトークが冴えている人は、きっと足を広げているはずです。

膝をトントンたたく人は段取りが悪い

イライラすると、落ち着きが無くなってきて、つい膝をトントンたたいてしまう。よく見かけますよね。そんな人は当たり前のように「せっかち」です。

私の昔の上司でも会議でなかなか結論が出ないとき、必ず膝をトントンたたき始める人がいました。「何をやっているんだ！　早く決めろよ」という、せっかちの意思表示です。物事を早く進めたいとき、相手や周囲をせかすときに出てしまうしぐさです。

ではなぜ、せっつくのでしょうか？　それは、次の予定があるからです。次の会議が始まっている、約束の会食に遅れている、デートの約束をしている彼女から遅いと携帯にメールが入った……要はダブルブッキングの状態だからです。そうなれば誰でもイライラして、せっつきたくなりますよね。

ただ、次の予定がなくても膝をトントンたたいている場合があります。これは、日頃から段取りが悪いので、時間に追われるのが癖になっているのです。よく膝をたたいていた上司はとてもスケジュール管理が下手で、仕事や会議にいつも追いかけられていた記憶があります。

もしあなたが上司なら、自分が時間に追われていても鷹揚《おうよう》に対処したいものですよね。ですから、膝をトントンたたくことは癖にしないように心がけてください。

頼みごとをしてきた相手の手がグーになっていれば要注意

手をグーにするというのは、その握ったグーの中に何か入れたい、文字通り「手に入れたい」という欲求があるときに出てしまうしぐさです。多少でも自分が得をしたい、何かちょっとでもおいしい話があったら拾ってやろう、つけいる隙があれば食い込んでやろうという意思の表れなのです。

欲深い状態だと、手はパーではなくグーになってしまう傾向があるようです。

ですから、気をつけた方がいいサインです。誰かが何か頼んできたときに、手がグーでしっかりと握り締められていたとすれば、その人は無理なお願いをしようとしているかもしれません。

「明日のゴルフに無理でも何とか参加できないかな」
「車が故障したので悪いけど貸してくれない」
あるいは彼女であれば、

「欲しい靴があるの。少し高いけど……買って！」

などと言われるかもしれません。

「グー」は「おねだりのサイン」かも。要注意ですね。

利き腕で携帯を持つ人は融通がきく

あなたが右利きだとすれば、「右手でメモを取れるから、受話器は左手で持つ」と新人研修で教え込まれます。私は新入社員のとき、営業マンとして新規開拓のためにオフィスの固定電話で一日中何百件もアポイントを取る電話をかけましたが、確かに固定電話の受話器は利き腕の反対で持った方が合理的です。

しかし、携帯電話の場合はどうでしょうか？　外出先など、メモを取れるような状況でないときも多いですし、会話の内容を控えようと思ったら、紙に書くのではなく、切ったあとに携帯のメモ機能を使って打ち込んだり、そのまま関係者にメールで伝えたりしますよね。

「電話は利き腕でかけてはダメ」と習いましたが、携帯ならそれにこだわらず、使い勝手がいいやり方で構わないのです。ですから利き腕で携帯をかけて問題なく使いこなしている人は、固定概念にとらわれない柔軟な発想の人と言えるのではないでしょうか。

ちなみに、「携帯電話は利き手で使いますか?」と質問をしたところ、三十代以上の方は大半が利き手の逆と答えますが、二十代の方になると両方と答える人がかなりの割合でした。三十代以上の皆さん、固定概念にとらわれていませんか?

両手を前に組んで話を聞くのは関心が低いから

腕を組むのは防御や拒絶のサインであることが多い、と書きましたが、これに似ていてやや違う姿勢の「両手を前に組んで話を聞く人」の法則を紹介しましょう。この姿勢は銀行の窓口カウンターの人がお客様と対峙するときの姿を想像します。

「お待たせいたしました、ご用件をお聞かせいただけますか？」

やたら丁寧ですが、かなり距離を感じる応対ですよね。

実は両手を組んで話を聞くことは、相手と「一定の距離を置いて接するぞ」という気持ちの表れなのです。

イメージしてみてください。机の上には組まれた両手がドンとのっています。これが相手との距離を一定に保ちます。

もちろん親切に話を聞こうとするスタンスなのですが、どことなく「あくまで仕事の会話だけね」と言われているようにも感じませんか？

両手をしっかりと組んで話を聞くのは、相手に関心が高い状態ではありません。むしろ無関心な状態とも言えます。

考えてみてください。会話する相手と話題に盛り上がる状態になれば身をのり出したり、身振り手振りをつけたりしませんか？　もしお互いの距離を近くしたいのであれば「その両手をどかしてくれませんか？」と言ってみてはどうでしょうか。

相手の斜めに構えて座る人は結論を知りたがる

相手の話をきちんと聞こうとするならば、相手の正面に向き合って座るものです。が、相手から結論を聞きだしたくてせっかちになっている状態になると、正面を向いていられなくなって斜め座りをしたくなります。

例えば、営業マンが優柔不断なお客様から、「やりたいのだけど、今じゃなくてもいいかな～」などと曖昧な返事をされイライラしながら決断を待つとき。また、意中の相手に交際を迫ってから早一年が過ぎ、自分に対してイエスなのかノーなのか、なかなかはっきりしてくれないとき。つい「どうなのよ?」と、相手に切り込みたくなる気持ちになると、「いても立ってもいられない」ので斜め座りとなってしまうのではないでしょうか?

斜めに角度をつけて相手に向き合うというのは「早く結論が欲しい」という意思表示なのです。

ポケットに手を入れるのは引け目を感じているから

木枯らしが吹く寒い冬に温まりたい場合は別ですが……、よくポケットに手を入れる人はどんな気持ちなのでしょうか？　昔であれば肩で風切るさすらいの石原裕次郎のように、かっこつけるポーズでする人がいたかもしれませんが、最近はいませんよね。

「単なる習慣だけど安心するから。行儀が悪いのはわかっているけど」と言い切る知人がいます。でも本当に単なる習慣なのでしょうか？

いいえ、そうではないのです。無意識かもしれませんが不満、あるいは不安な気持ちを埋めようとする行為で、更に言えば何かに引け目を感じると出る人が多いようです。

そう言えば、その知人と食事中に「お前、親の人脈に甘えるのは止めた方がいいよ」と小言を言うと、ポケットに手をつっこんで「うるさいよ、いいじゃないか」とボソボソ言い返してきました。彼は自営業を営む親のコネで転職を繰り返しています。中にはこのポーズが素敵と言う人がいるかもしれませんが、前向きな状態ではないのですね。

頭に手を当てて話すのは自制心の表れから

先日、国会の承認喚問で厳しく詰められた証人が、頭に手を当てて話す姿をテレビで観ました。

「そのように記憶しています……」などと、やや曖昧ながら慎重に話している姿がありありとわかります。誤ってまずい発言をしないように自制心が働いているから、出てしまうしぐさなのでしょうね。

話すときにいつも頭に手を当てている友人がいます。彼は学生時代に早とちりが多くてトンチンカンだけど面白い奴でした。しかし社会に出て、「もっと慎重に考えろ」と上司に叱られるうちに、間違いがないか慎重に話そうとすると無意識に頭に手を当てて話すようになった、と打ち明けてくれました。心理的に分析すると胸に手は「良心の呵責《かしゃく》」で、頭に手は「記憶や事実との照合」という意識の裏返しのようです。

決して反省や謝りの気持ちの表れではありませんので、あしからず。

頬を頻繁にいじる人はくよくよするタイプ

頬に手を当てて考える人は判断が的確と書きましたが、頬を指でいじる人はいませんか?

こうした行為をする人は後悔ばかりしがちな、くよくよするタイプです。昔の職場にこのタイプの後輩がいました。仕事をしている最中にふっと過去の出来事が頭をよぎるのでしょうか。

「あのとき、彼女に謝っておけば喧嘩が収まったのに」などと後悔しつつパソコンに向かいながら、頬をいじっているのでしょうね。

人はクヨクヨ考えていると、顔や体で普段動かさないぽっちゃりした部分をついいじってしまう傾向があるようです。頬を不自然に触っている人がいたら、過去の「くよくよネタ」がその人の脳裏をめぐっている最中なのでしょう。

職場で大きく手を振る癖のある人は出世しない

あなたは職場で大きく手を振ることがありますか？　ただし「バイバイ」という別れの挨拶じゃない場合ですよ。「おーい、ここにいるぞ」と、自分の存在を示す動作です。

例えば、営業の外回りから戻ったときに、「ただいま帰りました。今日は大きな契約をいただきました」などと成果の報告を自己主張しようと、手を振りながら職場に戻ってくる同僚を何回も見たことがあります。また、ざわついた会場で発言する機会に、「じゃ注目してください！」と大きく手を振って注目を促す先輩がいました。

こうして存在感を示すために大きく手を振ることが多い人は、大抵の場合出世しません。

その理由は、存在をはっきり主張しないと周囲に気づいてもらえないという意識から「手を振るアピール」をしているからです。

逆に仕事で成果を上げている人は、自分の存在感に自信があり、「自分から働きかけなくても、誰もが自分の存在を認識するもの」と思っているため、意外にも自己主張はしないものです。

私の周囲にいた職場のリーダーでも、トップに近くなればなるほどデンと構えて大きなアクションが減るものでした。

自分の髪の毛をやたら触る人は臆病

いつも髪の毛をいじっている人を、特に女性でよく見かけます。以前いた職場にも、誰とも目を合わせないで自慢の長い髪を触りながら伏し目がちに話す女性がいました。

まるで桃井かおりさんが髪を触りながら話すような、けだるいしぐさを彷彿《ほうふつ》させますが、どうして髪を触って目を見ないのか考えてみると、不安を感じていることの表れなのですね。

デリケートで臆病で、つねに何かしら不安な気持ちを抱いている人は、何かに触れていないと落ち着かないのです。一番手っ取り早く、いつでも触れられるのが自分の髪なので、そこについ手が伸びてしまうのでしょう。

人の前で口を尖らすのは孤独感を伝えたいから

怒ると頬をふくらます人がいますが、「口を尖らす」のはどんな気持ちからなのでしょうか。アヒルのような感じに見えますが、最近の若い女性に見かけることが増えたしぐさのような気がします。

ブランド物の輸入卸《おろし》で働く知人の女性はよく口を尖らすので、どんなときに尖らすのか聞いてみました。すると、孤独感や、退屈なときに口を尖らせてしまうようです。

代々日本酒の蔵元で由緒ある家柄のお嬢様である友人も、普通の会話中に頻繁に口を尖らせるしぐさをします。「格好悪いから止めるように」と言うのですが、会話についていけなくなると出てしまうようです。

ただ、彼女なりに癖がついてしまった背景があるようです。聞いてみると三人姉妹の長女で、親は妹達に甘くて自分にだけ厳しかった。損な役回りの認識から、何かと口を尖らせて孤独感の主張をするのが癖になっているようでした。この癖は少々やっかいですね。

深々と頭を下げる人はせっかちな場合が多い

心からの感謝や謝罪であれば自然に深く頭が下がりますが、仕事上で頭を下げるのは、意思に反してそうせざる得ないケースの場合もあります。

例えば、取引先の社長から長時間の自慢話を聞いたとしても、「いいお話を聞かせていただき本当にありがとうございました」と深々と頭を下げてお礼を言わなければなりません。また、引き継いだ仕事で、「申し訳ございません。今後は二度と無いように気をつけます」と、前任者の代わりに平身低頭の謝罪をせねばならないこともあります。

こうした理不尽さを感じながらの場面で、本心を隠して頭を下げるときも、不思議と深くなります。それに、せっかちな人に限って時間をかけてゆっくりする傾向があります。

Ｐａｒｔ１でも書きましたが、人は自分の本性を見透かされないように逆張り、つまり反対の行動をとるケースが多いのです。

耳をつまむ人は相手に不快感を持っている

相手が下品な話でデリカシーのない発言を繰り返したり、人を見下したような態度をとったりして、不快な気分になったにもかかわらず、引き続き話を続けなければならないようなとき。あなたは、何か不快感に耐えるために行動を起こしますか？

こうした嫌な気持ちにさせる会話は営業の仕事でよくあります。私なら強い不快感を何とか解消しようとして、ときに耳をつまんだり、ひっぱったりという行動をとってしまいます。

考えてみれば、相手に悟られることなく不快感を発散できる行為は、ごく限られています。まさか机をたたくとか、目の前の書類を破るという訳にもいきません。身体の中でも、つまんだりひねったりして不自然でないのは、耳くらいなのですね。

逆に自分が話をしている相手にこれをやられたら、かなり不快感を与えているということですから、要注意です。

口を手で覆う人は早合点する傾向がある

何事か事件でも起きたのか、或いは大事な仕事でトラブルでも思い出したかのように、「はっ」と口を手で覆う人は、早合点して瞬間的に反応してしまうタイプです。

イメージしてみてください。相手の話を最後まで聞かないうちに、勝手に自分の中で「結論はこれだ」と断定したり、話の断片に反応して別のことを連想したりしてしまって、そっちに思考が行ってしまう人のことです。

その早合点がよくないことはわかっているのに、残念ながら「それは大変だ、何とか片付けましょう」と言い出してしまいそうで、「やばい」と思ってそれを押しとどめようと口を手で覆うのです。

こうした行動をする早合点な人は根本的な性分なので、直らないと諦めて付き合った方がいいと思います。

会話中に頬を触る人は飽きている

相手の話題が「つまらないな」と思いながら会話しているときのこと。相手にどうでもいい質問をされると、「そうですね。いいんじゃないですか」と考えるフリをして、頬をさすって誤魔化しながら話したことが何回かあります。

いたたまれなくて、手持ち無沙汰で、持って行き場所のない手を、何となく頬に持っていってしまうのです。退屈にギリギリの攻防をしているとも言えますよね。

退屈を隠しつつ、思いきり頬杖をついたり、椅子からずり落ちるようにそっくり返るわけにもいかないときに「ちゃんと話を聞いています」という姿勢を保ったまま、その倦怠感を解消する手段は限られます。

目をこすると眠そうに見えるし、おでこをさするのも変。耳は不快感のとき。そうなると残りは頬で、つい手が行ってしまうのです。

ネクタイに何回も手をやる人は不安定な心理状態

心理的に不安を感じると、ドキドキする気持ちを落ち着かせるために何かに触れたくなります。ダイレクトに胸に手を当ててもいいのですが、「こいつ、緊張しているな」と見透かされるのも嫌ですから、代わりに触れるとなると適当なのが首から胸にぶらさがっているネクタイなのです。女性ならネックレスかもしれませんね。

友人で緊張するとやたらとネクタイを触る人がいます。先日も、ベストセラーを出版した記念の講演に呼んでいただいたので会場で聞いていると、

「普段は書斎に一人でいるので、大人数が座る会場を見たら足が震えています」

と、どうやら本当に緊張しているようです。手で触るどころか、講演中はずっとネクタイをギュッと握っていました。

この友人だけではなく、決断を迫られてプレッシャーを感じているときや判断に迷っているときに、ネクタイに手をやるしぐさはよく見かけるのではないでしょうか？

首の後ろをポリポリ掻くのは疑っているから

相手を疑っているときにどんなしぐさをしますか？

例えば、締め切り破りの常習者である作家の大先生が、編集者に「次回は締め切り前に仕上げて驚かせるから」と言ったとしたら。編集者は大先生の言葉を全然アテにしていないけれど、疑いを言葉や顔に出す訳にはいきません。

そこで編集者は「そうですね、期待をしています」とうれしそうな顔をしながら、首の後ろをポリポリ掻いたりします。

相手の発言に疑念を抱いていたり、信用できないと思って耐えていると首の後ろあたりを掻いてしまうのですね。

知人の編集者が実際にやってしまうしぐさなのですが、周囲の出版関係者でも多くの知人が、同じように疑いを隠して首の後ろを掻いていました。

組んだ足をぶらぶらさせる人は几帳面

何度か書いてきましたが、人には「逆張りの習慣」があります。ルーズな人ほど、意識的にカッチリした服装をしたり、まめまめしい態度を表面上繕《つくろ》ったりするのです。

逆に、組んだ足をぶらぶらさせる人は、一見だらしなく見えますが、実は几帳面で計画性があります。きちんとできるという自信から、リラックスしているフリをするのです。

応接室でお会いするといつも足を組んでぶらぶらさせながら話す若手社長がいます。その社長は鷹揚《おうよう》に見えて職場では恐ろしい程、細かくて几帳面な方だそうです。

ところが普段は意識してリラックスしている態度を見せています。彼曰く、「君に会うときはどんな会話でも対応できる確信があるから、足に力が入らずに悠然と構えていられるのだよね」だそうです。軽く見られているのでしょうか？

ちなみに、計画性が無いのに表面上繕っている社長は、落ち着き無く足を組みかえる癖があります。

受話器の下の方を持つ人は仕事を強引に進めるタイプ

あなたは受話機の上の方を持ちますか、それとも下の方を持ちますか？

電話をしているとき「聞く」「話す」のどちらに注力しているかで受話器の持ち方が変わります。

しっかり相手の話を聞こうとする人は、受話器の上の部分を持って耳に押し当てるようにします。

逆に、自分が一方的に話したい人は、自分の声がしっかり相手に届くよう、下の方を持って受話器と口の位置を安定させようとします。つまり自分が主導権を握って仕事を仕切りたい人です。

受話機を持つ位置で、仕事の進め方はだいぶ変わりますね。

声が大きい人は気が弱い

会議で、順番に発言しているのに一人だけ妙に声が大きい人……いませんか？　声の大きさというのは普通は、会場の雰囲気から大体みな同じくらいになるのですが、なぜか外れたボリュームの声を出してしまう人です。「僕はですね！　ちょっと意見が違いますよ〜」と場違いな大声の上に声がひっくり返っている人もたまにいます。

知人のタレント・加藤浩次さんも、「俺は場違いに大きな声出したりするんだよね」と言っていましたが、実は、気が弱い性格だったりすると言うのです。緊張してボリュームのコントロールが効かなくて、大きな声が出てしまうことがあるのだそうです。

反対に周囲が大声で騒いだり、誰もが負けじと大声を張り上げて議論したりしているときに、あえて一人だけ小さな声で話す人は、実は気が強いのです。

小さい声でもみんなが自分の話を聞く、自分の話はそれだけ価値があるという自信を持っている裏返しとも言えますね。

言葉を遮って沈黙する人は意志が固い

「ちょっと待って！」と会話を遮っておきながら、そのまま黙っている人がいます。「おい、何で遮《さえぎ》ったんだよ」と言いたくなるような行動です。なぜこんなことができるのでしょうか？

ちなみに相手の話を遮るのも、いくつかのパターンがあります。まずはお笑いで言う「ツッコミ」。これは話の途中で「お前なんやそれ」とツッコムことで、笑いを取ったり、場をなごませる目的がある遮りです。他に「今の発言は要約すると……だよね」と、周囲の人が理解度を高めるための補足を買って出た遮りもあります。

このふたつの遮りはまわりに対する気遣いからですが、冒頭の遮りは少々違います。「話を聞きたくないから止めた」だけです。

まったく困った人ですが、「嫌なものは嫌」とぶれない行動がとれる強い意志の持ち主とも言えますね。

うなずきながら話す人は説得力がある

「いいですか。私が言いたいのは……」と、説明しながら何回も自分でうなずいて、説得にかかる人がいます。

こうした人の会話はゆっくりと、やや強引に展開していきます。自分の話が確実に「腑《ふ》に落ちて」欲しいと願ってうなずきながらゆっくり話します。

先日、テレビの政治関連の番組で見たある政治家の話し方が、その典型だと思いました。

「ＰＫＯにおける……日本とアメリカの関係は……現在……非常に……厳しい状態に……あると思います」

という調子でうなずきながら、「わかりますか？　わかりますか？」と、ひとつひとつ確認するような話し方をしていたのです。

聞いている方が気分がいいかどうかは別にして、相手を説得するには効果的です。

豪快に笑う人は短気で気分屋が多い

「いやー、あっはっは、面白いですね」などとオーバーアクションで笑う人は、本当は笑っていません。本心からの笑いは、それほど派手なアクションにはならないからです。大げさな笑いというのは、気分屋で短気な本性を隠すしぐさなのです。つまり、明らかに作為的な笑いです。こうした豪快に笑うアクションは、自分が痛いところを突かれて感情的に怒りそうなときするものです。本音ではカッとなって怒っているのに、短気な性格を隠すために無理に笑い飛ばしてごまかそうとします。

政治家が、記者に鋭く突っ込まれると、「いやー、面白い質問だな、参ったな」と笑いながらかわす場面があります。あれがその典型で、記者の発言を面白がってなんていません。内心はすごく頭に来ているはずです。

知人の政治家に聞いたところ、「本心から豪快に笑う政治家なんていない。本当はプライドが高くて気分屋だよ」と断言していました。

含み笑いは優越感を主張したい表れ

ビジネスで成功している、すごくすてきな彼（彼女）がいる、集団の中であきらかに自分だけモテている……など、自分が優位性を感じているとき。それをひけらかしたい気持ちはあるものの、あからさまに自慢することも誰でもはばかられます。

「すごいね」「いいね」と褒められて、「いやいや」と謙遜に応えつつ、できるだけイヤミに見えない程度に「でも俺ってすごいだろう」と少しでも自慢をしたいと思うと、つい含み笑いをしてしまいますよね。

そう言えばテレビのスポーツ番組で、大リーグ球団と交渉中の某有名野球選手が、「大リーグに挑戦ということですが、報酬も大分増えますよね？」と質問を受け、「報酬？そうでもありませんよ」と発言する際に大きな含み笑いをしていたのが印象的でした。

本当は自慢したいんじゃないですかね。

「年俸は五倍になりました。すごいでしょ」と思っている本音が読み取れますね。

歯を見せて笑える人は心が開けっぴろげ

人を怒らせたり泣かせたりすることに比べて、「笑わせる」ことは万国共通のやり方が存在しません。ですから、洋画を見ていると、泣かせるシーンでは同じように感情移入して泣けますが、お笑いのシーンでは全然笑えなかったりします。「笑い」は突き詰めると意外なほどに、深く求道できる道があるのです。

さて、話は変わって、笑うときに歯を見せる人は、開放的で素直な性格の人が多いようです。昔の日本では笑うときに口を隠す習慣がありました。それだけ、口元を見せて笑うのは美徳とされていなかったのです。

江戸時代には「お歯黒」と呼ばれる化粧がありました。当時は生まれつきの白い歯を人に見せるものではない、という考え方があったようです。この影響もあるのでしょうか、日本では歯を見せて笑うことに抵抗感を持つ人も少なくありませんでした。

ただ最近では歯並びの矯正や、ホワイトニングで白い歯にしたりして、堂々と歯を見せて笑う人がかなり増えました。実際に歯科矯正の先生が言うには、白く輝くような歯に治療した女性達は笑顔で歯を見せるようになり、性格も朗らかで明るく変わるそうです。美しい歯の持つ威力は偉大なものがありますね。

確かに、白い歯を見せて笑う姿は心が開放的になっているように見えて、悪い印象には決してなりません。

知人で介護ヘルパーをしている女性が言うには、「相手が心を許してくれるようになると、歯を見せて笑ってくれる」そうです。

目をつぶって考え込むのは混乱している証拠

目は非常にたくさんの情報が入ってくる場所です。何か混乱していて、気持ちを落ち着かせて状況を整理したいときは、人は習性として目から入ってくる雑多な情報を遮断しようとします。つまり、混乱すると目をつぶるのです。

考えてみると、感覚器官で外部の情報を遮断しようとして、意識的に閉じられるのは目です。

例えば、職場の会議で議論が錯綜《さくそう》して収拾が難しい状況を想定してみてください。もしも、その会議の仕切り役をあなたが任されたら、どのような行動を起こしますか？

私ならば、状況を確認して、それから目をつぶります。冷静に判断して会議を正しい方向に導くシナリオを考えたいからです。

やたらと首をかしげる人は違和感を持っている

首をかしげている姿で思い出すのは、古い例かもしれないですが、江川卓さんですね。相手バッターに投げた渾身のストレートをスタンドに運ばれたときに、マウンドでいつも首をかしげていた姿を印象的に記憶しています。

日常生活で首をかしげるというしぐさは、実際にはあまりしないものです。以前、学生時代の友人からのメールに、こんな風に書かれていたことがあります。

「同僚の結婚式に出席して首をかしげることがあった。受付をしていた新婦の友人の女の子達が全員浴衣を着ていたのだよ。式の当日は七夕だったけど、おかしくない？」

このメールの友人は、おそらく式の受付では笑顔で「おめでとうございます」と言いながら違和感を持って……心の中で、首をかしげていたことでしょう。

首をかしげるのは、まったくNOというのではなく、自分からすると「何か違う」という違和感の表れです。妥協せず徹底的に原因を追及する気になれない程度のことに、「今の発言は間違っているよ」「やめて欲しいのだけど」とまでは言い切れないけど、「問題点がありそう」くらいの気持ちを自己主張しているのです。

あなたの知人がこのしぐさをしていたら、違和感の小さな主張なので、「何が気になるの？」と声をかけるのがいい気配りですね。

さて、この法則の余談。あなたが「この写真にある間違いを三箇所、探してください」という問題を考えているとします。必死で間違いを探すときに、無意識に首をかしげているはずです。なぜなら、写真の中に間違い、つまり違和感を探しているからです。

鼻を触るときはウソをついている

「タレントの○○と友達だって言っていたよな？　一度、紹介してくれない？」

恵比寿のカフェで待ち合わせをしていると、隣の席の会話が聞こえてきました。

「いいよ。あいつはクラブで何回も会っているから」

頼まれた方の答えは自信なさげに聞こえました。その彼の表情をそっと覗いてみると、目を合わせないで鼻を触っています。なんとなく実現は無理そうですね。

こうして鼻を触るのは、情緒不安定な気持ちと口を隠したい心理からするしぐさです。つまり、隠し事やウソをついている心の動揺を悟られまいとしているのです。

表情を読まれたくないとき、顔の中心の鼻を触ることで、相手の視線を表情から逸《そ》らそうという心理が働きます。心理的な動揺があるとき、ついつい鼻をこすったり触ったりしてしまうのです。

ですから、「俺が大切だと思っている女性は君だけだよ」と話す彼が、頻繁に鼻を触っていたら信用しない方がいいでしょう。

また、ウソ以外にも、相手に言いにくいことを伝えるとき、例えば恋人に別れ話を切り出そうとしている場合などにも、鼻を触ることがよくあります。

何気ない言葉から性格を見抜く

Part 3

「すごいね」「へー」「なるほど」など、話していると無意識に出てしまう、ちょっとした感嘆詞のような口癖は、誰にでもいくつかあるものです。この感嘆詞のような口癖は大した意味がないと思われがちですが、実は、その人の本質的な性格や感性がにじみ出ているものなのです。

優柔不断でスパッと言い切る自信が無い人は、おいしい料理を食べたり、感動する映画を見ても「〜って感じ」と付けたりします。大雑把な性格の人は、知人の活躍する姿を目の当たりにすると素直に「すごい」を連発します。

短い言葉でも、その人のパーソナリティーがどうしても表れてしまうものです。何気ない言葉や話し方の癖から、その人の性格や考え方を見抜きましょう。

周囲の評判を口にする人は困ると責任転嫁をする

最近は口コミの威力が見直されています。人気ブログを書く、ブロガーと呼ばれる人たちのコメントが、マーケティング的に大きな影響を与えるようになりました。

また、飲食・ファッションなど各分野のカリスマと呼ばれる詳しい人の評価が、消費者の大きな判断基準になっているもの事実のようです。

私も、新規開拓のレストランを探すときは東京レストランガイドのサイトなどを見て評価を参考にしますし、見たい映画で迷ったときは評論家の採点を選ぶ基準にします。つまり、何だかんだと言っても、まわりの人の評価は誰でも気になるものなのでしょう。

しかし、周囲の評判ばかりが会話に登場するのは、主体性がなく感じられませんか？「このバッグは人気モデルが雑誌で注目とコメントしていたよ」とか、「あのラーメン屋はカリスマがお奨《すす》めしていたから……」などと周囲の評判を頻繁に口にする人は、困ったときに責任転嫁をする傾向があります。

責任転嫁とは例えば、寝坊して遅刻した場合に、「家族に朝早く起こすように頼んだのですけど、起こしてくれなくて遅刻しました」と仮に自分に責任があっても、その責任を認めず、人のせいにすることです。

おそらくカリスマがお奨めしたラーメンがおいしくなかったら、「あのカリスマが悪い」と言い出すのでしょう。主体性が低いので相談相手には向かないタイプですね。

「すごい」を連発する人は大雑把な性格

誰かが些細《ささい》な自慢話をしても、やたらと「すごい」を連発する友人がいます。「車を買ったよ」「へー、すごいね」、「BMWなんだ」「えー、すごい」、「でも中古だよ。十年前の」「でも、すごいじゃん」……と、何事にも「すごい」と返してくるのです。

「すごい」を連発するのは、どんな気持ちからなのでしょうか？　やたらと感動する感受性豊かな人、と言いたいところですが、そうではなく、本人に聞いてみると、「すごい」と言っておけば相手が喜ぶだろうという、少々いい加減な認識で発言しているようです。

確かに、本気で褒める言葉なら、「あなたは議事録をまとめるのがすごく速くて、それでいて正確ですよね」などと、もっと褒める詳細が言葉に表れます。誠意をもって褒めると、洞察を感じる言葉が含まれるものではないでしょうか？

ただ、相手をバカにしているという訳でもありません。とりあえず褒めておけば何とかなる、くらいの気持ちで口に出す、物事を深読みしないお気楽な一言なのです。

「ちょっと」と、なれなれしく話しかける人に限って人見知り

「誤解されているようだけど、本当は人見知りなんだ」

と、誰にでも気さくに話しているように見える人から言われて、驚いたことが何回もあります。人見知りというと、恥ずかしがる子どもの姿を思い出しますが、大人の人見知りは表面上では意外にわからないものです。

あなたのまわりにも、表面上は人見知りを隠して振舞っている人は、かなり多いはずです。こうして人見知りを隠している人に限って、パーティのような人の集まる場所では気さくに話して、ほがらかに振舞って見えたりするものです。

ただ、本性が人見知りという人は、初対面の人に話しかけるしぐさに注目するとわかります。どことなくぎこちないのです。車の運転の下手な人が、高速道路にスッと乗れなくて、いったん止まって流れをうかがってから、急にブンと速度を上げて乗るような感じで、人の輪に入るときも、妙に癖のある入り方をしてしまうのです。

例えば、

「ちょっと、ちょっといいですか？」

などと、普段の話し方と違ったぎこちない話しかけ方をします。

本当に人見知りしない人は、まるで元から友達だったように、スッと自然に入っていくことができます。不自然ななれなれしさは、人見知りだからこそ、こうやって話しかけようと、身構えてしまった結果なのです。

自ら些細な失敗談を切り出す人はすぐ凹む

一緒に食事をする仲間とカフェで待ち合わせをしていたときのこと。遅れて入ってきた一人がいきなり「遅れてごめん。そうだ、聞いてくれる？　昨日の俺の失敗話を」と切り出したのです。

その話は、本当に些細《ささい》な出来事でした。確か……、奥さんに頼まれた猫の餌を犬の餌と間違えて買って大喧嘩になった……みたいな内容。最後には隣の家にそれを差し上げてハッピーエンドで家庭は円満と、のろけ話かと思うようなネタでした。

自らこうした失敗談を切り出すのは、自分が凹《へこ》む格好の悪い部分を見せたくないという、プライドの高さの表れ。小さい失敗を強調することで、自分のプライドを防御しているのです。

また先日、あるプロ野球の監督が、先発予告を勝手に発表してピッチングコーチに怒られたことを話しているシーンを、テレビ番組で見ました。あれも実は、小さい失敗を告白することで器の大きさを見せていますが、自分が本当に凹むような采配ミスなどは決して口にしないはずです。

仮に、「監督、昨日の先発交代のタイミングは間違っていましたね」と、本質的なミスを突かれたら大いに傷ついて逆ギレするのではないでしょうか？

小さい失敗談自慢をする人は、傷つけられたくないという気持ちが強いので、キレやすいわりに、徹底的に攻撃すると意外とすぐシュンとしてしまいます。

「真面目な話……」と言い出す人は場の空気を変えたいと思っている

飲み会などの大人数の集まりでワイワイ騒いでいる最中に、誰かが「真面目な話、……」と前置きして話し始めると場の空気が変わります。

「真面目な話、今の俺は子ども好きなんだよね」

「真面目な話、会社は危機的だと思わないか？」

「真面目な話、昨日、美術館に行ってきました！」

と言われると、その話題が何となく気になって耳を傾けるものです。

ただし、自分が注目されたいから言い出した言葉ではないようです。

それまでの話題が退屈とか、下世話に感じて「もう、いいよ」と感じて場の空気を変えようとしただけなのです。

私自身も、飲み会の席で人の悪口とか噂話が続いたときに、話題を変えようと、「そう、真面目な話……今度、新しい本を書くのだけど、内容を話しちゃおうかな？」と切り出したことがありました。

その場を離れる訳にいかないお付き合いの集まりだったので、嫌な気分は自分で打破しようと言い出したのです。

ただ、話題を変えたときに、まわりの何人もが私を見て「よくやった！」と目で訴えていました。みんな場の雰囲気を変えたかったのですね。

血液型や星座ばかり話題にする人は短気な性格

「B型は気分屋でA型は几帳面」「てんびん座は優柔不断で、いて座は二面性がある」などと、ひとつの話題として、血液型や星座の話をする人は多いですね。

しかし、「その場の雰囲気で発言するなんて、やっぱりB型だな」「おっとりして見えるのはおうし座だからだな」などと、血液型や星座で人を決め付けるように話す人がときどきいませんか？　おそらく、その人は短気な性格です。しかも短気なことを自覚していて自己嫌悪を感じているはずです。

短気な人は些細な一言でカチンときます。ですから人と話していても、なるべく自分の短気さが出ないで済むような、当たり障りのない話題に持っていこうとするのです。

血液型や星座は、誰とでも話題にできて、会話がそれなりに持つものです。そういう話題にあえて持っていくのは、平和主義というより、自分自身がイライラしたり、怒ったりしたくないからなのです。

「いや」「でも」が口癖の人はだまされやすい

時代の寵児と言われたＩＴ業界の経営者は、何度も取材で話したことがありますが、どんな話題を切り出しても否定から入る方でした。

「最近は二十代で起業して活躍する経営者も増えましたね」

と軽い話題を投げかけても、

「いや、そんなこと無いと思いますよ」

と、バッサリと否定してくるのです。

聞き役としては困った取材相手です。ただし、否定から入りますが、時間をかけて話し合うと打ち解けて心を開くタイプでした。最初の否定部分を説得されると、割とあっさり信頼に転じるのです。

彼と二人で話したときに、

「何で相手の話を否定してかかるの？」

と聞いてみたところ、

「想定外の回答で困っている反応が楽しい。ただ、否定した自分を納得させた相手には素直になりますよ」

という答えが返ってきました。

つまり、相手を用心して早めの段階でブロックしているけれど、信頼したらとことん信じてしまうので、否定的な口癖で相手をガードしていたのです。

この経営者以外にも「いや」「でも」などを多用する人をたくさん見かけます。恋愛であれば騙されないように、お誘いに入口で壁を厚くする行為ともつながる法則ですね。

「やっぱり」「だから」は悩んだ末の決意の裏返し

「やっぱり猫が好き」

「お嬢さんだからワガママ」

などと言うのはきっぱりと前向きな言い方のようで、実は悩みに悩んだ気持ちが込められています。嫌いになろうとしても猫が嫌いになれないとか、ワガママな人は苦手だけれどお嬢さんだから、と納得したいという事実を、いろいろ考えたけど自分の中で確定させようとしている言葉です。

欲しかったものをあきらめるときや、好きな相手と未練があるけど別れなければならないときに、自分自身の心にケジメをつけようとして「前から決めていたことだから」と言う心境に似ていますね。

「そうですね」は投げやりな気持ちで出る口癖

仕事をしていると「そうですね」くらい頻繁に使われる言葉はありません。これは実は、会話の内容に関心がなくて面倒くさいからどっちでもいいやという気持ちを、無意識な相槌で誤魔化している言葉です。

ですから、「そうですね」と答えた相手について、話が通じたと思ったら大間違いです。○か×か、意思決定する話題ではないから、軽く「そうですね」で済まされていただけです。

そうですねと言わせたくないなら、選択肢を提示して質問することです。

例えば、「今日の夕食は焼肉と中華とどちらがいいかな?」と聞いたら間違いなく「そうですね」とは答えられないので、「焼肉がいい」とか「どちらも嫌。イタリアンがいい」と、自分の意志を主張するはずです。

「私たち」「我々」と連発するのは、人を巻き込みたい下心

何気ない会話で「俺たちってさ」と主語をWEにする人がいます。

例えば仕事の場面では、「我々としても是非とも取り組みたいと思っています」と、完全に自分の意見なのに集団の総意のような言い方です。隣で聞いていたら「おい！　我々じゃなくてお前だろ。勝手に巻き込むな」と言いたくなります。また、「我々世代はさ……」と、個人的な経験や感覚を、勝手に世代全般に普遍化する人もいます。

そういう人は、自分が先頭に立って物事をとりまとめたいという意識が強く、自分が思うことは他のみんなも思っていることで、代表してやらなければ、と思っているのです。

私の知人でも、勝手に人を巻き込むタイプが結構います。その一人は昔の会社の先輩ですが、たまに電話がかかってきて会うと、開口一番、「有機野菜のネット通販を始めて、俺たちで新しい流通システムを構築したいんだ」と言われビックリ。いきなり「俺たち」とは自分が巻き込まれているみたいです。

「ごめんね」を連発する人は負けず嫌い

自分が悪いと思っていなくても、謝らなければならない場面は、大人になるほど増えます。そういうとき、本当は謝りたくない負けず嫌いの人に限って「ごめん」を連発します。「ハイハイ、俺が悪かったよ」と、その場をさっさと終わらせたい意図からなのです。

本来は子供じゃないのですから、誠実に謝るなら「ちゃんと約束したのに忘れてしまって悪かった」とか、「言い方がきつくて傷つけてしまったみたいで、ごめん」と、背景を加えてきちんと謝るのが筋ですね。

「本当は頭を下げたくないけど」と思っているのが見えてしまいます。更にごめんを連発するのは言葉の重みを出したくないからです。

「ごめん」と「ごめん、ごめん、ごめん」では、数が増える程、軽く感じませんか？　連発するのは、わかった上で「ごめん」に重さを出したくないということ。プライドが高いゆえの意地も、そこにうかがえますね。

「へぇー」と関心する人は親のしつけが厳しい

相手の話に感心・納得したときに出るのが「へぇー」です。「そうなんだ」「すごーい」と続くときは無条件に納得していますが、「へぇー」だけで終わる場合は少々違うようです。「くやしいけどそうだよね」というニュアンスで、認めたくないけれどあからさまにくやしさを出せないということ。このタイプの人は、親に反抗できなかった人が多いようです。あからさまに抵抗できず、表面上は納得を装うことが癖になっているのです。

友人で代々酒屋の負けず嫌いのお嬢さんが、よく「へぇー」だけを発します。先日も食事を何人かでしているときに、仲間の一人がワインに詳しいソムリエで、「このワインはカレラと言うカリフォルニアのワインで、あのロマネコンティに目隠しテイスティングで勝ったんだ」などとウンチクを語ると、「すごいワインなんだ」「詳しいね」と驚嘆する仲間の中で、彼女だけがくやしそうな顔をして「へぇー」と反応していました。

「もっと」を繰り返す人は他人に厳しい

松岡修造さんを思い浮かべてみましょう。私は、「もっと熱くなりたいあなたに」という松岡さんのビデオレターを見たことがありますが、その中で「もっと」「もっと」と何回も口にしながら熱く語っていました。

「もっと」が口癖の人は、情熱的で常に前進していくタイプで、自分にも他人にも厳しいタイプです。「俺達ならもっとできるはずだ」「目指すものはもっと高いところにある」と、高い要望の表れが「もっと」という言葉になって出ます。

ある人材派遣会社の社長さんから、「うちの会社をもっと知って欲しいので、朝礼に参加してください」と誘われて、朝礼に参加したことがあります。

この朝礼での社長の挨拶を聞いたところ、「みなさんにはもっと高い志で、もっと速いスピードで、もっと誠実に対処して……」と、三分程度の間に「もっと」を十回以上も口にしていました。この社長は、社員に求めるレベルが高いことで有名な方です。

「うれしい」を言える人はサービス精神がある

私見かもしれませんが「うれしい」というのは、なかなか素直に言えない言葉だと思います。男性は特にそうですよね。でも多くの女性は男性に何かプレゼントをもらうとか、喜ぶようなことをしてもらったときに「うれしい」と口にします。本当に心から思っているのでしょうか？　皮肉じゃなくて、男性にとっては素直に口に出せない言葉なのです。

彼氏いない歴七年という女性経営者は、「感謝していても、言えないのよね」と言っていました。女性でも照れ屋でうれしさを表現するのが下手な人はかなりいます。

では「うれしい」と口に出せる人はどうなのでしょうか？　思いやりやサービス精神が強いから言えるのです。

「うれしい」はもらった相手も幸せになれる言葉です。私の知人で、些細な気配りにでも「ありがとう。うれしい」と口に出す女性がいます。彼女は「相手の喜ぶ顔を見たいから」と言っていました。まさにサービス精神からの一言なのですね。

「絶対」をよく使う人はあきらめが早い

仕事上で「今回は結果が良くなかったので、次回は絶対がんばります」などと言う人に限って、同じミスを繰り返す、というケースをよく目にしてきました。

「絶対」という言葉を軽く使う人ほど、実はそれほど熱意がないのに言葉でごまかしているのです。本当に真剣に取り組もうと思ったら、「絶対」という言葉は相当なプレッシャーになるので、むしろ使わないものです。

昔の職場でも「絶対遅れません」と反省文に書いた部下に限って、遅刻の常習犯でした。あれだけ神妙な態度で約束しても数日後には、「すみません。寝坊しました。午後から出社します」と平気で遅刻します。

頭にきて、「絶対なんて言葉は一回しか通用しないんだぞ」と叱っても、平気で「今度こそ、絶対……」と同じ反省文を書いてきます。

要は「絶対」と書けば許してもらえるくらいの感覚なのでしょう。

一方で「絶対」という言葉は使わずに、「目覚まし時計を三個買います。友人に起こしてもらいます。飲んでも午前二時までに帰ります」と、具体的な解決案を宣言する部下の方が再び遅刻を繰り返す確率は低かったですね。

「なるほど」とうなずく人は別のことを考えている

数多くの経営者やタレントを取材して実感したのですが、インタビューで大切なのは、ゲストが気持ちよく話す場づくりと、与えられた時間内で起承転結をつくることです。つまり、単なる聞き役というより仕切らないといけません。

実際にインタビューが始まると、相手に合わせて柔軟に対応しないといけません。なので、質問もアドリブで変わることがよくあります。そこで「次は何を聞こうか？」と考えているときは、ゲストの話は聞いていない瞬間があります。

そんなときに相手に返せる言葉は、限られています。話半分くらい聞いていれば「そうですね」と相槌を打ちますが、ほとんど聞いていない状況だと「なるほど、なるほど」とうなずきながら誤魔化します。

考えてみれば日常の会話でも、相手の話を全然聞いていない……別のことを考えている時間、結構ありますよね？

あなたが飲み会の幹事で「二次会はどうしようか？」と真剣に頭の中の「ぐるなび」で会場を検索しているときや、次の大事なアポイントに遅れて対応策を考えているときに、目の前の話題に合わせる相槌は……「なるほど」ではないですか？

「～っぽい」をよく使う人は寂しがり屋が多い

比較的、女性がよく使う言葉で「～っぽい」というのがあります。「A型っぽいですね」「おしゃれっぽいですね」「髪型が芸能人っぽいですね」など、会話のとっかかりとして使われますが、頻繁に使う人は寂しがり屋が多いようです。

合コン等で会話をつなげようとするとき、「職業は役所関係ですか？」と聞くのではなく、「なんかお役所っぽいですね」と曖昧な表現で言うことがあります。これは、もし的外れだったとしても不興を買わない逃げ道を残しつつ、とりあえず相手と接点をつなごうとして「～っぽい」を使っているのです。

このつなぐという言葉がポイントで、ネット社会ではゆるい関係でつながる友達を大切にする傾向があります。

余談ですが、ブログやSNSで質問に答えて他の人に同じ質問を回すことを「バトン」と言いますが、「バトン」のようなコミュニケーションが流行るのも、ゆるくつながる友達を求めているからなのでしょう。

話を戻して、「〜っぽい」という言い方だと会話が続く、つまりつながりやすいので「あなたは小悪魔っぽい女性って好き?」とか、「私ってアキバっぽいって言われるけど、そうかな?」などと、ちょっと寂しがりっぽい女性は多用するのでしょう。

「別に」と返事する人は照れ屋で寂しがり屋

あの沢尻エリカさんの舞台挨拶での発言で、一躍流行語になった「別に」という言葉。はぐらかすときに使う言葉で「何とも思っていない」という意味ですが、実際に「別に」をよく使うのは、シャイではにかみ屋の人が多いものです。

知人のデザイナーは「別に」をよく口にします。その方は極度の寂しがり屋で、よくかけてきません。「作業場に来い」と連絡があります。ところがいざうかがうと、「来たか」くらいしか話しかけてきません。暇なので作業中の作品を覗いて、「すごいデザインだ。ビックリするような仕上がりになるのでしょうね」とか褒めても、「別に」しか答えません。

過去の作品を見つけて、「これ、賞を取った作品ですよね。うちの玄関に飾った方が……いや、冗談ですよ」と言うと、「別に。じゃ、一〇〇〇万で売ってやる」。

彼のようなタイプは寡黙で照れ屋ですが、本音では褒めて欲しかったりするのですね。「別に」と返事する人は、意外と相手の話を素直に聞いているのではないでしょうか?

「しょうがない」を使う人は几帳面なタイプが多い

割り切りの早い人ほど几帳面な人が多いようです。よく、「血液型がA型の人は几帳面、神経質」と言われますが、実は一旦「もういいや」と割り切ってしまうと細かいことは気にならなくなるという人も、多いように思います。

学生時代の友人は、普段は「髪の毛一本でも落ちていると気になる」というくらいキレイ好き。しかし、「今日から卒論で忙しい時期だから掃除ができない。だから汚くてもしょうがない」と一度決めたら、徹底的に汚くなっても全然気にしませんでした。

逆にB型の私は、普段の掃除はアバウトなのに、深夜に偶然触った窓際の埃が気になって朝まで掃除してしまうというように、一貫性がありません。

几帳面な人に限って、すっぱりあきらめられるのです。「しょうがない」とよく言う人だから、鷹揚な人なのかなと思って接していると、日常においては意外なほど細かくて、驚かされたという経験は、これまでに何度かあります。

「いいな」は本音で うらやましくないから口に出す

人は誰でも嫉妬心や対抗心を少なからず持っています。ところが、本心からうらやましいと思ったときは、それを言葉に出せないものです。つまり、「うらやましい」と口に出すときは、実は大してうらやましいとは思っていないからです。

例えば、友人が彼から貰ったという誕生日プレゼントの自慢話を聞いたとします。内心では「自分の彼のプレゼントの方が勝っている」と思ったら、「いいな、うらやましい」と言いますが、「くやしい。本心からプレゼントがうらやましい」と思うときは黙っている、という女性が多いそうです。

そう言えば、「独身って自由でいいですね、うらやましいですね」としきりに言う人に限って、自分の結婚生活がすごく幸せで満足していたりいるものです。

「とにかく」を連発する人は合理主義者

「とにかく」とは「細かいことはさておいて」と、単刀直入に話を進めようとするときに使う言葉です。前置きや無駄な世間話は抜きにして、結論をすぐに導き出したい人が多用します。

物事をさっさと合理的に進めたいと思う人は、そのためのボキャブラリーが豊富になります。私自身も、営業現場の頃はしょっちゅう「とにかく」「さっそくですが」といった言葉を使っていた気がします。

最近であれば時間が短いインタビューで、「さっそくですが、具体的なお話を聞かせてください」と、前フリ無しで単刀直入に質問に入る際に使います。

使うときの気持ちはというと、「てきぱき質問してテンポよく展開したい」と、このようなことを考えています。また、自分主導で仕切りたい、それができる自信があると感じているときにも「とにかく」「さっそく」をよく使います。

「要するに」をよく使う人は思いつきで行動する

「要するに」は趣旨を要約する前提で切り出す言葉ですが、使う頻度が多い人ほど論理的でない傾向があります。

実際に、「朝まで生テレビ」のような討論番組を見ていると、面白いことに、本当に論理的な人は発言が理路整然としているので、「要するに」という言葉をあまり使いません。ところが中途半端な自称論客に限って、小難しい言葉やダラダラ意見を述べて、「要するに」を連発します。

「言いたいことは結論から始めること」と、新入社員のときに報・連・相（報告・連絡・相談）の基本としてたたき込まれた経験がありますが、何回教えてもできない同僚は、「『要するに』はいいから、結論から話せ！」と毎日のように叱られていました。

この同僚と、テレビで見た中途半端な論客は、話し方がまったく同じです。思いつきの発言を繕《つくろ》うために「要するに」を連発するのです。

前にも話したと強調して発言をする人は高圧的

あなたが質問したときに、相手が「繰り返し申し上げますが」「先ほどから申し上げているように」と回答したら、どのような気持ちになりますか？

決していい気分になる人はいないはずです。

こうした回答は、国会討論の質疑を見ていると頻繁に登場します。

「先ほどから申し上げているように、捜査当局が今捜査中でありますから……」

こうした言い方は、どんな心境から口に出る言葉なのでしょうか。

前にも話したということを強調して発言する人は、権力志向で高圧的です。ある意味で自分の意見に自信がある人の態度でもあります。

ときには違う質問をしても同じことを答えたりします。音楽であればリフレインと言って同じ旋律を繰り返す効果的な演奏法のことですが、会話においては、相手を見下したような望ましくない行為です。

「お」を付けた美化語を使える人は褒め上手

「その赤いお洋服がとてもお似合いですね」

などと、褒め言葉に「お」を付ける人がいます。こうした褒め言葉は嫌味なようで、意外と素直な気持ちでないと言えないものです。

ちなみに、こうした言い方を昨今では美化語と呼びます。これまで尊敬語、謙譲語、丁寧語の三分類だった敬語が、文部科学大臣の諮問機関の文化審議会による「敬語の指針」で五分類にされて、注目されるようになりました。

そもそも「褒め言葉」をたくさん使いこなせる人は意外に少なくて、誰にでも「すごい」「大したものだ」くらいしか褒め言葉を言えない人ばかりです。

ですから、美化語を巧みに使いこなして相手が喜びそうな褒め言葉を言えば、相手の心に響くのは間違いないでしょう。

オタク言葉を使う人は緻密で繊細

知人のエンジニアのオフィスに遊びに行ったところ、机の上にかなりの数のフィギュアが置いてありました。私はアニメには詳しくないので、「このフィギュアは買ったの？」と軽く聞いてみました。すると、「いや、自分で組み立てたんだよ」と答えが返ってきたのです。質問ついでにキャラクターの名前などを聞いてみると、うれしそうに説明をしてくれました。しかも、独特のオタク言葉を使うのです。

彼と会話してわかったのですが、オタク言葉を使う人は緻密で繊細な性格が多いようです。そういえば、年収数千万円のエンジニアに「よく行く街は？」と聞いたところ、「秋葉原」と言われたこともありました。

更に余談をひとつ。お茶の水女子大学の数学科を主席で卒業した優秀な部下がいましたが、彼女にもこの法則が当てはまっていました。話し方が完璧に「アラレちゃん」だったのです。

いつも同じペースで話す人は気が利かない

相手に早口と感じさせる人は、気が利かない自己中心的な性格です。相手の状況に合わせて話すことができないからです。実は、聞くスピードにはかなりの個人差があり、関西弁で言う「まくし立てる」言い方をすると、理解の限度を超えてしまう人もいるのです。ところが、興味がわく話題になると、楽しさから早口でも聞き取れる場合もあります。相手の関心や体調などを考えたテンポで話せば理解度は大分変わるのです。これはテニスで打ち合うヒッティングパートナーが、相手のレベルに合わせてスピード調整できる相手だと、普段より速い打球でも難なく返せるのと似ています。

同じペースでしか話せない人は、言いたいことが伝わらなくて損をしていると言えるかもしれませんね。かくいう私も、営業をしていた頃は、早く契約を取りたいという一心で、言いたいことだけ一方的にしゃべっていた時期がありました。その頃に気が利く話し方ができれば、もっと成績が上がったかもしれませんね。

口をパクパクする人ははぐらかすのがうまい

口癖ではありませんが、目の前で口をパクパクパクする人がいます。コイじゃないんですから……と気になってしまいますよね。

よく口をパクパクする知人に聞いたところ、「気持ちを落ち着かせるため」にしているそうです。

ただ、見ている方もコミカルな動きにホッとした気持ちになります。知人の狙いはこのあたりにあるのでしょう。

一見無駄でも面白い動きをして和みの気分にさせる「はぐらかし」のための行為ではないでしょうか？

抑揚をつけてしゃべる人は意外とクール

話す声が一本調子だと聞いていて眠くなりますので、抑揚をつけた方がいいのでしょうが、激しすぎるのはいかがなものでしょうか?

抑揚も激しすぎると、感情移入の強さに聞く方は一歩引いてしまうことでしょう。

例えばお笑いでも、自分が笑ってしまったら観客は笑わないものです。むしろ真面目な顔で変な話をするからおかしくて笑うのです。人に何かを伝えたいならば表情をコントロールしながら、戦略的にメリハリをつけて話さなければいけないのです。

つまり、上手に自分の言葉に抑揚をつけながら話せるのは、非常に冷静な人だからなのです。仮に怒りを込めているように見えても、本当は感情的にはなっていません。感情的になったら、抑揚なんてつけられなくて、声がひっくり返ってしまうものです。

子どもっぽい話し方の男性は計算高い

男性は、まわりから大人に見られたいとか、しっかりしていると思われたいのが普通なので、あえて子どもっぽくみせるなんて、普通は抵抗があってできません。例えば、自分のことを「僕」と言うのはかなり照れくさいものがあります。

知人で「僕」という一人称を使う男性は、たくさんの会社と顧問契約をしているＩＴコンサルタントです。子どもっぽさを前面に出して誰とも接しますが、観察していると、かわいがられようと下心のある計算高さを感じることがあります。

普段は子どもっぽい口調なのですが、けんか腰の会話を仕掛けてみたら、本性を垣間見ることができました。「そうだ、相談したい仕事があるのだけど……、相手が年輩の方だと無理かな?」と、やや見下した言い方をすると、「やれると思いますが……、私のしゃべり方で疑うなら失礼じゃないですか?」と言い返してきたのです。その話し振りはごく普通の大人でした。どうやら、普段は子どもっぽい自分を演じているようです。

やたらと丁寧に話す人は約束をよく忘れる

知人に、丁寧というよりむしろ馬鹿丁寧に、「先ほどおっしゃられたように……」などといった、敬語としてやや過剰で支離滅裂な話し方をする人がいます。昔は会計事務所の事務で、現在はネットベンチャーで人事の仕事をしているのですが、約束したことを一日経つとすっかり忘れてしまうのです。

彼を見ていると、過剰なまわりくどい敬語や、間違った丁寧語を話す人は、なぜか大事なことを聞いていない傾向があります。丁寧に話すこと自体に意識が行き過ぎて、相手の話を聞く余裕がないのでしょうか？

過去の経験ですが、レストランで過剰に丁寧な話し方をする店員に限って、オーダーを間違えたということが何度かありました。丁寧に、感じよく接することが精一杯で、注文を覚えるキャパシティが残っていないのでしょう。困ったものです。

シチュエーション別のアクションで、意外な一面がわかる

Part 4

職場の仲間や友人と居酒屋やカラオケで騒ぐとき、または週末に集まってバーベキューなど集団行動をすると、短時間では見えないその人の特性がよく見えることがあります。

例えば、バーベキューのとき。炭火の具合を調整しながら一人で黙々と肉を焼き続けている人。張り切って調理器具やこだわりの調味料を持参して、「よし、今日は俺がトコトン美味い焼きソバを食べさせてやる」などと粋がっていたのに、実際は川で遊んで何もしない人。また居酒屋で妙に店員に対して偉そうで、名札を見てわざわざ名前で呼びつける人。特にプライベートに近い集団行動になると、一見些細《ささい》な動きに、その人の性格の本質的な部分が出ることがあるのです。

マンウォッチングとしては気になるシチュエーション別に、行動特性をじっくり観察、分析してみると、人の意外な性質や隠された本音の部分が見えてくるので、なかなか面白いですよ。

居酒屋で最初に冷奴を注文する人は成功する

居酒屋は、「仕事帰りに同僚と十九時スタート」「二十二時過ぎから終電まで軽く」という風に、二部交代制くらいで客が集中するそうです。その混雑のタイミングに入店すると、厨房も忙しいのでなかなか品物が出てきません。ただでさえ小腹が減っていますし、飲み物だけだと空腹で待つ間が少々手持ち無沙汰になります。

そんな場面で、「じゃ、ビールと一緒に冷奴だけ持ってきて」と機転を利かせて注文できる人がときどきいます。

こういう人は間違いなく成功します。早く出てくるものを先に注文できる気配りがあり、優先順位がわかっている人だと思います。

効率的に仕事ができるだけでなく、場の状況を読める、気が利く人ということ。上司の指示にも柔軟に対応できるので、つまり出世しやすいタイプなのです。

念のため言うと、ここで言う冷奴は象徴的なものとして挙げているにすぎません。要は、誰もが食べられて、早く出てくるものをさっと選べる人ということです。

注文するお酒の銘柄を毎回変える人は浮気性

飲み会などで飲みものを選ぶとき、大抵の人はまずビールでしょうか。二杯目はメニューを見ながら、「焼酎のロック、芋で佐藤の黒をお願い」などとそれなりに真剣に選ぶものです。

しかし、飲み始めてだんだん話に夢中になってくると、お酒選びなんて大抵の人が二の次になって、「同じものをもう一杯」といい加減になってきます。

でも、中には何杯飲んでも毎回メニューを見ながら、「じゃ、次は日本酒でこの梅錦の大吟醸を一合、いただこうかな？」などと吟味して選ぶ人がいます。

こんな人は浮気性です。飽きっぽいという意味ではなくて、どんな状況でも自分の好奇心や欲望に忠実な人ということ。考えようによっては浮気とは、複数の相手をケアしなければいけないので、相当に面倒くさいことでもあるはずです。浮気性な人は、その面倒さよりも、好きなものへの興味や欲求が勝るタイプで、それが行動に表れているのです。

なべ奉行の人は自己中心的な人が多い

「じゃ、そろそろ三つ葉入れようか。でも豆腐はまだ食べちゃダメだよ」

と、小まめになべ奉行をする人は、自己中心的で自分の食べたいものだけ気ままに食べたいからやるのですね。

実は、私はすごく好き嫌いが多いので、自分が鍋奉行をしたがります。

「えのきはなしで、白菜は多めで」などと自分でコントロールして好きなものだけ食べられるから、すごくラクなのです。

だからこそ言えるのですが、鍋奉行は別にマメだからとか、奉仕の精神があるからやるというわけではありません。

一人一人に取り分けたりするのも、他人にとってはありがた迷惑だったりして、単なる自己満足な部分も多いかもしれません。

現に、私以上になべ奉行の男性は、「相手を気遣っているというより、世話を焼いている自分が好き」なのだと言っていました。

ライターを上手に借りる人は人を見る目がある

これは、いわゆる「もらいタバコ」をする人とは違います。タバコは持っていて、ライターだけを上手に借りているということです。

こういう人は分析力が高いタイプです。

私は吸いませんが、喫煙者はタバコが切れると、普段はものぐさな人でもそれこそ地の果てまでも行きそうな勢いで買いに出かけますよね。

では、タバコは持っているけどライターを持っていなかったらどうしますか？

お店でマッチをもらう人もいますが、私の友人は、周囲を見て「喫煙者は誰？　一箇所に固まっているはず」「気持ちよく貸してくれる人は誰か」と、分析して相手を決めて、「すみません。火を貸してくれませんか」と声をかけて気持ちよく火を借ります。

彼が言うには、「火は持ってない」「貸すのは嫌」と断られないで一発必中で火を借りることに生きがいを感じているそうです。

余談ですが、この火の貸し借りがきっかけで人とつながりができる、という話はよく耳にします。職場の喫煙所では、火の貸し借りをしながら、仕事の情報交換や果ては恋愛から結婚へ……といったケースまで、人間模様が繰り広げられていたようです。

さて、話を戻して、その友人の「一発必中」で火を借りる能力は、職場でも「適職配置」をする人事部の仕事で大いに活きているようです。

意外と何気ない行動に深さがあるものです。

「つりは不要」と多めに払いたがる人に限って忘れ物が多い

何円、何十円という小銭のおつりを「いらない」と受け取らずに、「君にあげるよ」と言い出す人をよく見かけます。コンビニや飲食店のレジで見かけるやり取りですが「あげる」と言われた方も困ってしまいます。レジの店員も、サービス料として受け取れない立場なので困るだけです。

しかも、こうした迷惑な人に限って忘れ物までして、迷惑の上塗りをします。「昨日、お宅のお店に傘の忘れ物なかった？」とか連絡して取りに来たりするのです。

小銭を「いらない」「あげる」と言う人は感謝のチップを渡す配慮ではなく、受け取るのが面倒で、小銭が財布に貯まるのが嫌なだけなのです。私自身も財布の小銭を確認しないで、すぐ千円札を出してしまうときがあります。

忙しくて仕事に疲れて小銭入れを出すのも面倒な心境の日が多いのですが、そんな日は千円札を繰り返し出してお釣りをもらうので、小銭が溜まってしまいます。そんなときに

「この小銭、いりません。財布がパンパンなので」と思ったりもします。

ただ、首都圏の大地主の知人から、

「小銭をなめてはいけない。おつりはきちんともらって、チップは感謝の気持ちを込めるときだけ渡す」

と言われたことを思い出して、パンパンの財布に小銭を入れました。

端数を「いらない」と言う人は、要はずぼらなのですね。だから忘れ物などをよくするのでしょう。

カラオケでメドレーを入れる人は嫉妬深い人が多い

カラオケは一緒に行った仲間ごとに「暗黙のルール」というか「お約束」がある気がします。SMAPの『世界に一つだけの花』は締めの曲だから、最初に入れてはいけないとか、一曲目からバラードはNGとか、浜崎あゆみさんの曲は○○さんの十八番だから他の人は遠慮するとか。参加した人の持ち歌や序列を踏まえなければ大変なことになりかねないという経験を何回もしました。

以前、知人の経営者と西麻布の会員制のカラオケに行ったときのことです。氣志團の『One Night Carnival』を入れたところ、「おい、この曲はあいつらが来る前に入れちゃ駄目だよ。中止にして」と止められてしまいました。後から遅れて参加する弁護士と知人が二人で踊るのがお約束だったのです。でも、そんなの知りませんよね。

そんなお約束を探りながらのカラオケタイムで「じゃメドレー入れようか？　まずはB'zでいきますか」と切り出す人がいます。

確かにメドレーを順番に歌っていれば、何となく場は持つし、盛り上がります。

でもこれは、配慮だけじゃなくて、その場の誰かをスターにしたくない「嫉妬深い人」が取る戦略でもあります。

「誰かが自分の十八番を歌ったら嫌だから」

「あいつがバラードを歌って注目されるのは嫌」

メドレーばかり入れる知人が飲みながらポロリと漏らした言葉ですが、こんなことを考えてカラオケをしている人もいるのですね。

携帯電話を派手に飾る人は寂しがり屋

アクセサリーをたくさん身につけている女性は寂しがり屋だとよく言われますが、人が身体を飾るのは、寂しい気持ちを満たすための行為です。

でも、職場で派手なアクセサリーをジャラジャラつけるのもはばかられますし、男性なら貴金属なんて腕時計ぐらいしかありません。日常で誰もが簡単に「装飾欲」を満たせるのが携帯電話なのです。

今や携帯電話は「話すための端末」ではなく「自分自身」そのものだと言われます。友達の連絡先やメールや写真など、プライバシーが凝縮されたもので、機器でありながら、感覚としては自分の肉体に近いという感覚の人が増えているのです。シール、ストラップやデコレーションなどでオリジナルなデザインに装飾して楽しめます。

車でタイヤやホイールやシートをチューン&ドレスアップして喜ぶのと似ている気がしますが、携帯は、車より一般的で身近な存在。携帯を飾ることが「自分自身の身体を飾るのとほぼイコール」とまで言い切る女性もいます。

ですから貴金属と同じように、携帯を派手に飾ってキラキラにする人は寂しさを解消しているのでしょう。

ペットを自慢する人は心を開かない

ペットを飼う人が増えて、私のまわりでもペット自慢をする人が増えました。でも、「私の恋人です」などと携帯で撮った一匹のアメリカンショートヘアの写真をうれしそうに見せられ、コメントに困ったことがあります。猫を飼ったことがないので、「かわいいですね」くらいしか褒め言葉が浮かびません。

先日も生まれて四ヵ月だという柴犬の写真を見せられて、「甘えん坊で、おてんば娘なの」とうれしそうに語る友人に、何とコメントしていいか悩んだものです。

ペットの話は饒舌《じょうぜつ》なのに、それ以外の話題に転換すると急に寡黙《かもく》になる人がいます。こうした人は人間関係に深く関わるのが好きじゃない、あるいは苦手なのでしょう。

知人の犬好きに、どうして犬が好きなのかと聞くと、「犬は絶対に裏切らないから」と答えました。自分に反抗しない、言い返さない、黙っている……自分のペースで関係を構築できるから、ペットにはまるのかもしれませんね。

着うた（着信音）がよく変わる人は好奇心が強い

あなたは自分の携帯の着うたが人前で鳴ったら、どのような反応をしますか？

観察していると……「お気に入りの歌だから聞いていたい」「迷惑だから早く出なくちゃ」と、複雑な気持ちの入り混じった独特の反応をします。

着うたは、野球選手がバッターボックスに向かうときにかかるテーマソングのような存在です。そのテーマソングをちょくちょく変える人がいますが、理由を聞くと「古く感じたから」「飽きたから」だそうです。

最近は着うたフルなら一曲まるまるダウンロードできますから、何年も同じ着信音一筋の人は減りました。しかし、どちらかと言えば好奇心が強い人の方が着うたをよく変えるようです。

鎌倉でヘアサロンを開業して、仕事の合間にサーフィンやドライブ、パーティと、パワー全開で遊ぶ知人は、頻繁に着うたを変えます。

「若いときは流行の音楽を聴いたけど、最近は時代が止まっているよ」と寂しいことを言う人もいますが、逆に遊び心があると、流行の音楽への好奇心も高いのかもしれません。

だから、着うたもよく変えるのでしょう。

携帯をいつも触っている人は隠しごとがある

携帯の装飾の項でも書きましたが「携帯は自分そのもの」と感じている人が多いので、他人に触られるのを嫌がります。先日、タクシーに乗車中に携帯の電池が切れたので、運転手さんに「緊急に連絡したいことがあるのですが、携帯を貸していただけませんか？料金は払いますので」と頼むと、「人に携帯を貸すなんて、とてもできません」と見事に断られました。本当に触られるのが嫌だったのでしょうね。

「他人に歯ブラシを貸すぐらいイヤだ」という人もいます。それは言いすぎかと思いますが、そんな、言わば自分の肉体の一部である携帯を常に触っている人がいたら、何か気持ちが落ち着いていない状態の表れです。

あるいは誰かから連絡が入ることを気にかけているとも取れます。いずれにせよ、携帯をいつも触っている人は隠しごとがある可能性が高い。これはあるクラブのママから聞いた説です。

外出から戻った職場で寒いギャグを連発する人はアドリブに弱い

寒いギャグを言う人は、大抵「寒さ」を自覚しています。むしろ、その「寒さ」で笑わせようとしているとも言えます。しかも、外出先から戻った瞬間にギャグをかますのは、アドリブに弱いために準備をしていたということです。

「ただいま。そう言えばフットサルは定着したね。ブームがふっと去るかと思ったけど」と、こんな寒いギャグでも温かい目で笑ってやってください。かなり練りに練った作品かもしれません。あなたのまわりにいるこんなギャグをかます人は、ギャグだけじゃなくて全般的にアドリブに弱い可能性が大です。仕事でも急なフリはやめておきましょう。

アドリブと言えば、デーブ・スペクターさんの関係者に聞いた話ですが、彼は朝のワイドショーで、あの寒いギャグを発するためにきちんと準備をされているそうです。報道番組でコメンテーターの話す場面はアドリブが意外に少なく、打ち合わせで段取りが決まっているそうです。ですから寒いギャグも事前に準備しておけるのです。

ホラー映画が好きな人は他人の話を聞かない

ジェットコースターやホラー映画など、スリルのあるものが好きなのは女性の方が多い気がします。デートで彼女が彼氏をひっぱって絶叫マシンに向かう姿をよく見かけます。

考えてみれば、ジェットコースターは二人並んで乗っていても、一緒に楽しむと言うよりも、「自分が絶叫してすっきりする」というものです。降りたあと感想を言い合うこともあまりありありません。ホラー映画も同じで、見終わったあとに食事しながら、「気持ち悪かったね」などと語り合うかというと、そういう娯楽ではない気がします。

ホラー映画好きな友人はその理由を、「興味本位と適度なスリルを求めているから」と答えを返してくれました。こうしたスリルのある娯楽が好きな人は、誰かと共有することより自分が満足したいことが最優先です。つまり、人の話にあまり耳を傾けないマイペースな人。ちなみにその友人は、職場のマニュアルも気にせず自分のスタイルで接客するくらいの自分流です。

コンビニでおでんの汁を多めに入れる人はポジティブ

あなたはコンビニのおでんを食べますか？　仮に食べるなら、おでんの汁はどれくらい入れますか？

私は「汁多め」と頼みます。

「たくさん入れても飲まないし、捨てるときに邪魔かも」とネガティブに考える人もいますが、ここは迷わずに店員さんに、「汁多めに入れてください」と言いましょう。

迷わずに言える人は仕事でもポジティブで、リーダーに向いています。コンビニのおでんは汁が多めだと、持ち帰るまでの間に冷めにくいとか、その汁にごはんを入れて二次利用するとか、飲んだら以外においしいなど得なことがたくさんあります。

レジ前のささやかな葛藤ですが、会計までの瞬間に前向きに考えて「汁多め」と言える勇気からも性格がわかるのです。

〈著者略歴〉

高城幸司（たかぎ　こうじ）

『マネジメント強化を支援する企業』株式会社セレブレインの代表取締役社長。

1964年10月21日東京生まれ。1986年同志社大学文学部卒業。

1987年リクルートに入社して6年間トップセールスに輝く。1996年から起業・独立の情報誌アントレを立ち上げ事業部長、編集長を経験。2005年より現職。

趣味はお酒。ソムリエ、焼酎アドバイザーであり、日本酒サービス研究会、料飲専門家団体連合会の理事を務める。

3万人以上の経営者・専門家・ビジネスパーソンに仕事で関わってきた経験を活かして「人を見抜く」立場でテレビ番組出演、講演も多数。

著書に、『営業マンは心理学者！』（ＰＨＰ研究所）、『上司につける薬！』（講談社現代新書）、『あなたの人生を大逆転する「経営メンバー」と言う生き方』（東洋経済新報社）など多数。

【株式会社セレブレイン】
http://www.celebrain.com/
【高城幸司の社長ブログ】
http://blog.goo.ne.jp/k-takagi001021/

装幀：こやまたかこ
装画：下谷二助
本文イラスト：盛本康成
編集協力：堀江令子

Special Thanks
永井宏明様
伊藤正宏様
神山祐人様
&『メデューサの瞳』関係者の皆様

人を見抜く黄金律《ゴールデンルール》
居酒屋で最初に冷奴を注文する人は成功する

2008年3月7日　第1版第1刷発行

著者　高城幸司
発行者　江口克彦
発行所　PHP研究所
東京本部　〒102-8331　千代田区三番町3番地10
文芸出版部　☎03-3239-6256(編集)
普及一部　☎03-3239-6233(販売)
京都本部　〒601-8411　京都市南区西九条北ノ内町11
PHP INTERFACE　http://www.php.co.jp/
組版　朝日メディアインターナショナル株式会社
印刷所　共同印刷株式会社
製本所　東京美術紙工事業協同組合

ISBN978-4-569-69736-9